인문학적 국토 여행 안내서

사람길 국토종주

해남/강진/영암/나주 편

인문학적 국토 여행 안내서

사람길 국토종주
– 해남, 강진, 영암, 나주 편

초판인쇄 2021년 10월 21일
초판발행 2021년 11월 3일

글_ 나한영
발행인_ 이현자
발행처_ 도서출판 현자

등   록_ 제 2-1884호 (1994.12. 26)
주   소_ 서울시 중구 수표로 50-1(을지로3가, 4층)
전   화_ (02) 2278-4239
팩   스_ (02) 2278-4286
E-mail_ 001hyunja@hanmail.net

값 20,000원

2021 ⓒ 나한영 Printed in KOREA

무단으로 내용의 일부를 인용하거나 복사, 발췌를 금합니다.

ISBN 978-89-94820-67-5   03980

인문학적 국토 여행 안내서

사람길
국토종주

해남/강진/영암/나주 편

글 | 나한영

도서출판 **현자**

프롤로그

사람길 루트를 찾아 떠나다
사람길 국토종주
도보 34일 946km의
순전한 우리 국토의 이야기

해남/강진/영암/나주 편

사람길 국토종주를 꿈꾸다

국토종주를 꿈꾸다

'내 두 발로 걷는 행위'인 걷기는 가장 간단하지만 가장 큰 희열이었다. 수백만 년 전부터 직립보행족으로 걷기를 체화했던 인간의 본연을 찾는 것이 얼마나 중요한 것인지를 난 걸으면서 비로소 깨닫게 되었다. 그렇게 걷기에 빠져 5년 간 주말마다 전국을 걷고 있을 때였다.

나 스스로 '걷기 하는 사람'임을 자처하게 되면서 우리나라 국토를 종단하고 싶은 욕구가 피어오르기 시작했다.

5년 동안 해오던 조성된 트레일 명소를 찾아가는 걷기와 우리나라를 한 발자욱도 빠짐없이 이어 걷는 국토종주는 엄연히 다른 것이다. 무엇보다 우리 한민족이 대대로 살아온 땅의 실재가 궁금했다.

생긴 대로 자연 그대로의 국토엔 한국인으로서 우리네의 '삶'과 그 다양한 삶을 배태하고 있는 우리의 '땅'의 전모가 들어있다.

호모 에릭투스 때부터 이 땅과 인연을 맺었던 인류에게 삶의 터를 제공했던 보배로운 땅, 단군조선을 성립하고 민족의식을 쌓으며 반만년을 살아온 우리의 금수강산, 그 정기를 이어 숨 쉬는 현재의 모습, 그리고 이 땅에서 지금 현재를 살고 있는 사람들의 삶의 모습을 피부로 느끼고 싶었다. 각색 지방의 사는 모습과 삶의 향기, 곳마다 다른 고유의 자연과 풍광, 그곳의 꽃 하나 나뭇잎 하나 바람 한줄기까지 모든 게 궁금했다.

문제는 우리 국토를 어떻게 어떤 루트로 걷느냐는 것이었다.

인공에 도배돼 우리의 땅의 실체를 느낄 수 없는 찻길로 걷는 기존 방식의 국토종주만은 피하고 싶었다. 도배된 찻길에선 느낌도, 감흥도, 영감도 찾을 수 없을 것 같았다. 국토종주를 떠나기 전 서점에서 찾아본 국토종주 서적들은 모두 최단거리의 국도를 중심으로 걷는 것이었다.

우리 국토의 속살을 제대로 느끼고 싶었던 내게는 다른 길이 필요했다. 찻길 따라 걷는 것이 가장 단 기간에, 가장 수월하게 국토를 종주하는 수단은 될 것이다. 그러나 찻길이라는 똑같이 생긴 길에서 느낌이나 배움보다 완주 후에 피로하고 힘들었던 기억만 뇌리에 남는다면 국토종주를 위해 들여야만 하는 수많은 시간이 아까웠다. "국토종주했다"는 자기만족 이상이 될 수 없을 것 같았다.

사람길로 가자

그래서 용단을 냈다. 국도를 배제한 새로운 '사람길 국토종주'를 떠나기로 했다. 차가 길의 주인인 찻길이 아니라 사람이 주인이 되는 사람길로 걷는 국토종주다.

그동안의 국토종주는 국도를 따라 걷다보니 그 많은 시간과 수고를 들이

고도 '완주'라는 의미 외에 '국토의 발견과 감흥'이라는 국토종주의 본래의 의미가 퇴색될 수밖에 없었다. 국토종주의 매력이 반감되는 것인데, 찻길 따라 위험까지 감수해야 하므로 국토종주의 꿈을 꾸는 많은 사람들이 망설이게 될 수밖에 없다.

설령 길을 나선다 해도 루트가 제각각이다. 아직 금수강산이라는 우리나라 땅에 국토대장정을 떠날 수 있는 이렇다할 도보 루트가 없기 때문이다. 아니 정확히는 사람길 국토종주 루트가 없다. 해외에까지 도보 루트를 찾아 원정걷기를 떠나면서도 우리나라 국토대장정은 어떤 길로 가야 할지 길이 없어 갈 수 없다는 것은 한국인 모두의 수치이다.

물론 현실적으로 국도나 지방도 등 찻길을 완전히 배제하고는 길을 이어갈 수 없다. 그렇다고 산으로 올라가서 종주 내내 능선을 타고 간다면 다양한 국토의 모습과 그 땅의 사람들의 삶의 모습을 볼 수 없고 국토종주가 아닌 산행이 되고 만다. 찻길도 아니고 산길도 아닌 그 중간의 길을 찾는다는 것은 생각보다 어려운 작업임에 틀림없다.

그동안 누구도 가본 적 없는 새로운 국토종주 루트를 찾아야 했다. 개척의 길이었고, 인생 도전이었고, 어찌 보면 탐험이었다.

우리 땅의 실체를 밝혀가기 위해 사람길로 걷기 위한 도전의 결과는 실로 놀라웠다. 우리 국토의 보석 같은 속살이 서서히 모습을 드러냈고, 그 현장을 눈 앞에서 오감으로 마주했다.

일부러 명소를 찾아간 것은 아니었지만 사람길 루트 속엔 우리가 살면서 꼭 가봐야 할 우리 땅의 인생 명소가 쉴 새 없이 계속 이어졌다. 알려지지 않았던 숨어있는 장소는 내 가슴을 더욱 뛰게 만들었다.

또한 단절됐던 선조들의 얘기를 듣게 해 주었고, 모르던 지역의 삶을 알게 해 주었다. 우리는 혼자가 아닌 연대 속에, 역사 위에 존재한다는 것을 깨닫게 해 주었다. 사람길 국토종주는 소통의 길이었다.

너무 벅찼던 사람길 국토종주는 지금도 모든 순간이 생생하게 가득한 설렘으로 회상된다.

국토종주가 끝난 후 찻길로 당시 걸었던 루트 주변을 지나갈 때면, 저 멀리 사람길을 따라 지금도 우리 일행이 걷고 있는 것처럼 느껴진다. 우리 땅을 온몸으로 만끽하며 희열과 즐거움에 가득 찼던 그때가 지금도 감동의 전율을 일으키며 떠오르곤 한다.

국토종주가 끝난 지 벌써 반년이 지났다. 그러나 아직도 생생히 기억되는 이유는 묵묵히 자신에게 주어진 삶을 살아가는 그곳의 우리 땅을 지키는 분들이 만들어낸 향기와 그 땅만이 보여주는 자연의 경이, 청아한 물소리 바람소리 공기까지, 걸으며 마주했던 모든 것이 새로웠기 때문이다.

특별했던 인생 경험으로 남겨진 '사람길 국토종주', 이제 마음을 가라앉히고, 가슴 벅찼던 여정을 하나하나 되새김질해 본다.

국토종주 원칙 & 출발하기까지

사람길 국토종주 원칙

1. 최대한 찻길을 배제한 사람길을 걷는다

　땅끝점 해남에서 우리나라 최북단 고성까지 국토를 대각선으로 잇는 대장정 거리는 일반적으로 700km 내외로 예정하지만 찻길이 아닌 사람길로 돌아가려면 최소 900km 이상이 예상된다.

2. 매달 1차례씩 1박 2일 일정으로 이어서 걷는다

　자기 일을 하면서도 국토종주를 할 수 있는 것도 큰 장점이지만, 1년 이상 국토대장정의 설레임을 간직하며 생활하는 기쁨과 때마다 곳마다 다른 4계절을 느끼며 걸을 수 있는 더한 장점이 있다.

3. 도보로 한 발자국도 빼먹지 않는다

　국토대장정은 1m라도 두 발이 아닌 차나 자전거나 탈 것으로 이동해선 안된다. 만약 마을이 없거나 아프거나 피치 못해 차를 이용했을 경우 다시 그 장소로 돌아와서 걸어야 한다. 이 정신으로 완주에 도전한다.

4. 걸으면서 마주치는 지역민과 반드시 인사한다

　국토종주가 자기만족으로 그쳐선 안 되고 이 땅을 지키는 분들의 삶의 향기를 맡고 그에 공감하는 의미가 크다. 그 주인공을 만나러 가는 국토종주에서 인사 없이 지나칠 수는 없다.

5. 편안하고 화려한 것을 찾지 않는다

그동안 없던 새 길을 개척해 걷는 것이므로 길 없는 길로 들어설 수도 있다. 즐기거나 휴식을 위한 여행이 아니므로 걷기는 물론 숙소, 식사 모두 가리지 않고 주어진 것에 감사하는 마음으로 길을 떠난다.

출발하기까지

이런 취지에 공감하는, 함께 걸을 일행이 모였다. 매달 한차례씩 1박 2일로 걷는 것이므로 부담이 덜해 10여 명이 뜻을 같이 했다. 그러나 1년 5개월간 매달 정해진 일정(둘째 주 주말)을 지킨다는 것이 쉽지만은 않았다. 피치 못할 개인 사정으로 빠질 때도 있었다. 중간중간 참관단도 있어서 매회 작게는 6명부터 많게는 13명이 같이 걸었다. 같이 걷는다는 것은 참 많은 에너지를 주었다.

매회 차(1박 2일) 마다 평균 50~60km씩 걷기로 했다. 평탄한 찻길이 아닌 굴곡진 길을 찾아 걸어야 했으므로 일반적으로 국도를 걷는 국토종주보다는 훨씬 더 힘들었지만 땀 흘린 만큼 큰 건강과 힐링, 감동으로 보답해 주었다.

첫 출발일은 2019년 1월 12일(토)이었다. 준비는 2018년 10월 24일부터 시작했다. 뜻을 같이할 일행을 모으기 시작했고, 이와 함께 종주 방법과 루트 등 구상을 시작했다. 사람길을 이용한 국토종주를 하기로 11월 1일 결정했고, 이후 두 달여 간 국토종주 참가 일행이 하나 둘 모였다. 우리는 일행을 워크링크(WalkLink) 국토종주단으로 명칭 했고, 각자 준비에 들어갔다. 현수막도 만들고, 첫회 땐 사용을 못했지만 일행의 배낭에 달 국토종주 깃발도 만들고 루트 이정표로 쓸 리본도 만들었다.

드디어, 첫출발일 하루 전날인 1월 11일(금) 밤 7시에 교대역에서 모였다. 해남 땅끝마을까지는 5시간 이상 걸리므로 전날 저녁에 일과를 마치고 모여 대절버스를 이용해 해남으로 출발했다. 차 안에서 국토종주 출발 기념 케이크 커팅도 했다.

땅끝마을의 예약된 숙소(산과바다 민박집)에 도착했을 땐 한밤중인 12시 30분이었다. 비가 보슬보슬 내리고 있었지만 숙소 주인 내외분이 같이 마중 나와 안내해 주셨다. 우린 다음날 6시에 숙소 마당 앞에 모이기로 하고 깔끔하게 잘 정리된 숙소 2층의 각자 배정된 방에서 잠자리에 들었다.

목차

* 프롤로그_ 사람길 국토종주를 꿈꾸다 …4
* 국토종주 원칙 & 출발하기까지 …10

해남편 / 땅끝에서 희망을

1회차

01. 끝이 시작이 되는 곳 …20
02. 땅끝마을에서 …25
03. 여정의 시작 …31
04. 첫 난관, 길이 없어지다 …36
05. 행복한 점심 …43
06. 겨울바다 감성 진했던 해남반도 동해안 …47
07. '텅 빈 요람'의 미래? …50
08. 이진마을 …57
09. 면적 5%에 몰려 사는 나라 …63
10. 산자락 마을들 …67
11. 첫날 국토종주 종료 …69
12. 과거와 현재, 미래의 연결자 …74
13. 수풀과 계곡을 헤치고 흥촌리로 …76
14. 해남 간척 평야 …81
15. 해남이 준 마지막 교훈 …82

강진편 / 남도답사 1번지

01. 주작산에 배인 국토사랑 ⋯86
02. 주작의 등에서 휴식 ⋯92
03. 주작산의 마침표, 동구리바위 ⋯94
04. 평화로운 마을 ⋯98
05. 다산의 사돈이 살았던 땅 ⋯100
06. 우리 시골의 안타까운 현실 ⋯103
07. 웃지 못했던 깃대봉 ⋯106
08. 어느 때보다 감격했던 첫회 국토종주 종료 ⋯110

▍2회 차

09. 전날밤 목포, 그리고 강진 가는 길 ⋯114
10. 석문공원과 가우도 출렁다리 ⋯116
11. 다산초당을 향해 ⋯122
12. 다산의 마음 머문 곳, 다산초당 ⋯129
13. 세기의 우정 새겨진 만덕산 오솔길 ⋯135
14. 한국의 정감과 한의 미학, 동백꽃 ⋯139
15. 피안의 이상경을 그리며 ⋯142
16. 매섭던 강진만 바람길 ⋯149

목차

17. 강인한 민초의 유산 ···153
18. 강진만 생태공원 ···157
19. 사의재 저잣거리 ···160
20. 다산을 살린 주막과 사의재 ···164
21. 현재 시문학의 선구자 영랑의 생가 ···171
22. 부자의 정 이어준 보은산방 ···179
23. 소를 좋아한 남도민 ···182
24. 자연의 길을 걷는다는 것 ···184
25. 춥고 배고픈 밤 ···192
26. 달빛이 유난히 곱다 ···195
27. 인위를 거부한 도량 ···199
28. 비밀정원을 찾아 ···205
29. 세계문화유산적 가치 ···210
30. 백운동 별서정원을 걷다 ···213
31. 월출산 밑 별천지 설록다원 ···220
32. 우리나라 차문화의 뿌리 ···222
33. 우리 전통차의 계보 '독립의 차' ···227
34. 점심 후 두 팀으로 ···229

영암편 / 이리도 순연한 땅이

01. 월출산 & 누릿재 ···233

02. 월출산의 자연 속으로 ···239

03. 국토 곳곳에 스민 역사의 자리들 ···246

04. 모르고 건넌 통일신라 때 다리 ···249

05. 시골 농로에서 2회 차 국토종주 마감 ···253

▎3회 차

06. 봄빛 가득한 시골 풍경 ···257

07. 영보 12동네 중 하나인 선암마을 ···259

08. 기억에 남는 장면, 운곡제 & 덕진차밭 ···262

09. 숨어도 숨길 수 없는 매향 ···265

10. 복사꽃 반겨주던 마을 ···268

나주편 / 남도 수부 고도의 향기

01. 지하여장군할머니 마을 & 갈림길 ···276

02. 한 아주머니의 시루떡 ···280

03. 감동을 주는 사람들 ···285

04. 남도의 젖줄 영산강을 만나다 ···291

05. 나주 시내 저녁 산책 ···293

06. 성공 설화의 모티브 ···298

07. 나주곰탕 & 영산포 홍어 ···301

08. 나주 원도심 탐방 ···304

09. 그 많던 읍성이 왜 다 없어졌나? ···312

10. 성균관 재건의 표본이 된 나주향교 ···316

11. 비 오는 호수에서 비에 젖으며 ···318

12. 금성산 자락길과 정렬사 ···320

13. 하루가 다르게 변모하는 나주시 ···324

14. 학철지어 같았던 조그만 정자 ···326

15. 갈대의 울음은 노래가 되고 ···329

부록

■〈부록1〉 길에 얽힌 못다 한 역사 이야기

1. 만덕산 오솔길 이야기_ 다산과 혜장의 세기적 우정 ···337

2. 다산을 살린 주막 이야기_ 신유박해의 생존자 ···341

3. 시간은 치유의 힘이 있다_ 다산 유배지 극복기 ···344

4. 우리네 어머니의 표상과 한석봉 이야기_ 석봉체의 완성 ···346

5. 버드나무 사랑 이야기_ 생사를 초월한 홍랑의 사랑 ···350

6. 물·버들·여성의 3박자가 만든 파워_ 성공 설화의 모티브 ···353

■〈부록2〉 사람길 국토종주 일지 및 걷기 경로

1. 해남·강진·영암·나주 경로 지도 ···355

2. 회차별, 일별 구간 현황 ···356

▌〈부록3〉 사람길 국토종주 준비 사항

1. 장거리 걷기 여행 시 알아둘 것들 ···367

   1) 신발, 2) 스틱, 3) 양말, 4) 의복

   5) 배낭, 6) 물, 7) 이외 사람길 국토종주(오래 걷기)를 위한 준비물

2. 배낭 꾸리는 방법 ···376

3. 오래 걷기 위한 방법 ···378

▌〈부록4〉 찾아보기 ···381

▌일러두기

* 일반적인 국토종주 때의 대부분의 루트인 국도를 따라 걷지 않고 새로운 사람길 루트를 개척해 걸었다. (사람길: 차가 주인이 되는 찻길이 아닌 사람이 주인이 돼 걷는 길)
* 매달 한 번씩, 주말 이틀을 이용해 이어 걸어 1년 5개월 동안 총 34일 946km에 걸쳐 진행하였다. 본토 최남단 땅끝점에서 현재 사람이 걸어서 갈 수 있는 최북단인 고성의 민간인 통제선까지 5개 도와 20개 시군을 통과했다.
* 전체 946km의 여정에 나타난 우리 국토의 모습을 전하기 위해서는 책 한 권에 모두를 담는 것이 불가능하여, 5권으로 나누어 낼 예정이다. 그 첫 작업인 제1권은 해남, 강진, 영암, 나주의 이야기를 싣는다.
* 책에 실린 사진은 모두 현장에서 직접 찍은 것을 실었다. 풍경사진, 예술사진은 인터넷에 많으므로 글 내용과 관련된 사진을 중심으로, 겨울철 앙상한 가지만 있어도 풍경보다는 4계절을 겪으며 걷기 할 때의 현장감을 그대로 살리고자 하였다. (가져온 사진의 경우엔 출처를 표기함)

땅끝에서 희망을

―

해남 편

―

새벽 아침 땅끝점에 서다

1회 차, 1일째_1st

01. 끝이 시작이 되는 곳

땅끝점에 서다

　6시에 일어났을 때도 아직 비가 보슬보슬 내리고 있다. 농경사회에서 비는 축복과 맞닿아 있었다. 임금님이 기우제를 드릴만큼 비는 간절한 소원을 담고 있다. 비 오는 날엔 이사를 해도 복을 받는다. 힘들게 이사했으니 잘 살 것이라는 기원이 담겨 있다.

　앞으로 장장 1년 5개월이란 긴 시간 동안 이어질 '사람길 국토종주'를 시작하는 오늘을 축복해 주는 것 같다. 그 긴 기간 늘상 함께 할 자연은 때마침 비를 내려 국토종주 길의 소망을 전해 주는 것으로 우릴 맞이한다. 땅끝의 순연한 바다 바람도 뺨을 부비댄다. 어제 늦게 도착해서 잠은 충분히 못 잤지만 몸은 어느 때보다 가볍다.

　국토종주를 떠날 모든 채비를 해서 숙소에서 나왔다. 렌턴에 의지해 캄캄한 어둠 속으로 우리나라 본토의 땅끝점을 향해 걸어간다. 국토종주 출발식을 할 땅끝점은 숙소에서 1.5km 떨어진 해안가 절벽 아래에 있다.

　육당 최남선 선생이 『조선상식문답』에서 해남 땅끝에서 서울까지 천리, 서울에서 함경북도 온성까지를 2천 리로 잡아 우리나라를 '3천 리 금수강산'이라고 부른 바로 그 땅끝점이다. 끝이 곧 시작점이 되는 땅끝점은 국토종주의 시작점만이 아니라 이 지점에 서는 순간 우리 삶의 새로운 시작점이 되는 곳이다.

　도착했을 때 짙은 어둠에 둘러싸인 땅끝탑과 아직 모습이 보이지 않는 땅끝 바다의 장엄한 파도 소리가 일행을 맞는다. 우린 마냥 들떠 있을 수만 없었다. 앞으로 가야 할 길은 정해지지 않은 미지의 길이자 개척의 길이다. 국도나 지방도의 찻길을 통해 가는 것이 아닌 새로운 사람길을 여는 국토종주다. 어떤 일을 겪을지, 무엇을 만날지 알 수 없다.

때마다 되살아나는 힘이 되기를

각자 서 있는 곳에서 묵념을 하며 비나리 의식을 시작했다. 난 소리 높여 일행 모두의 기도가 되도록 사람길 국토종주 비나리를 읽어 내려갔다.

한 줄기 바람의 방향도 정하시는
이 땅과 우주만물의 주재이신 신이시여.

우리를 지금 이곳에 있게 하신
당신 앞에 엎드려 비나이다.
간절히 비나이다.

당신이 태고적부터 점지하시고
우리에게 주신 이 땅을
저희의 두 발로
땅끝에서 땅끝까지
걸어가려 하옵나니

부디 어여삐 봐주시고
기특하다 봐주시어
가는 길을 흔쾌히 허락하여 주시기를 비나이다.

밟는 걸음마다 다리 튼튼히 보호하시어
힘든 길 먼 길에 힘이 부칠지라도
마디마디마다 살뜰하게 보호해 주시기를 비나이다.

고단한 몸 쉴 잠자리도 봐주시고,
모르는 길 낯선 길에 설지라도
가야 할 길 잃지 않게 해 주시기를 비나이다.

일행 중에 누구도 도중에 탈 나지 않기를,
마치는 날까지 무사히 몸성히
털끝 하나까지 살펴 주시기를 비나이다.

만나는 인연마다 행복을 나누게 하시고,
이 땅의 가르침을,
이 땅의 사람들의 희노애락을
혼연히 느끼고 배우게 하옵소서.

예상 못할 여러 일을 겪을 때마다
그를 통해 오직 깨닫고 배우는 길이 되게 하시고,
이 모든 경험들을 잊지 않고 마음 깊이 새겨서,
이 땅의 자손 됨을 긍지로 여기고,
전보다 성숙한 몸과 마음으로 이 세상을 살게 하소서.

첫 사람길 국토대장정이
우리를 아는 모든 이에게도
또 세상에도 득이 되는 걸음이 되도록
뜻이 있는 길을 열어 주시고
때마다 발길 닿는 곳마다 살펴보아 주옵소서.

이 소중한 금수강산을 주시고,
우리를 이 땅에 살게 하시고,
지금 이 자리에 있게 하신 신께 비나이다.

지금 아뢴 모든 것을 간절히 비나이다.
정성을 다해 비나이다.

기원문이기 전에 각자 자신을 다잡는 각오가 되었다. 앞으로 내딛는 곳마다 발걸음마다 지금 이 기원이 가는 길을 환히 비추는 빛이 되길, 가다가 힘들어도, 갈 길 몰라 헤메일 때도, 때마다 되살아나는 힘이 되기를 바라고 또 바랐다.

진정한 땅끝 마을

1회 차, 1일째_2nd

02. 땅끝마을에서

일출 명소 맴섬

 오늘은 해 뜨는 시간이 7시 40분이다. 왔던 길을 되돌아 나와 여유 있게 해남 땅끝마을의 일출 명소 '맴섬'으로 향했다.

 맴섬은 바다에 나란히 놓인 두 개의 바위 사이로 해가 뜨는 비경을 연출해 해남을 대표하는 일출 출사지이다. 2월 중순에서 하순, 10월 중순에서 하순 사이엔 정확히 두 바위 사이로 해가 떠오르는 것을 볼 수 있다고 한다.

 비가 간간이 흩뿌리는 날씨라 일출 장면을 기대하진 않았지만 먼동이 터오는 땅끝 맴섬 앞에 서니 "이제 드디어 시작"이라는 설레임이 한가득 퍼진다.

* 국토종주 출발 당시의 맴섬 모습과 맑은날 일출 사진 비교

＊맴섬 앞에서 사람길 국토종주의 출발 파이팅을 외치며

집밥 같았던 아침식사

아침식사 전이라 우선 고픈 배부터 해결하려고 보니, 마침 일찍 문을 연 식당(극동식당)이 있다. 그냥 딱 봐도 오래된 옛날 식당이다.

주인 할머님이 매생이를 넣은 굴국, 떡국 등 아침에 먹기 부담 없는 식사를 정성껏 끓여 주신다. 소박한 실내의 한 켠에 있는 온돌방에 앉아 시골 할머니가 해주시는 집밥 같은 느낌을 받으며 맛있게 먹었다.

진정한 땅끝 마을

지금은 많은 관광객이 찾고 있지만, 원래 땅끝마을은 맹지이자 오지나 다름없었다. 우리나라 등줄기 태백산맥이 영동과 영서지방을 갈라놓았듯, 백두대간에서 뻗어 나온 호남정맥의 한줄기인 땅끝기맥이 월출산을 거쳐 흑석산, 덕룡산, 주작산, 두륜산, 달마산, 갈두산까지 1자 산맥을 형성해 해남 반도의 해안 쪽인 동남 지역을 서북 방향의 본토와 갈라놓고 있다.

땅끝기맥은 갈두산 사자봉을 마지막으로 해식애 절벽을 이루어 땅끝 바다로 직하하므로 바다로나 육지로나 더 갈 데 없는, 말 그대로의 땅끝이 되었다. 이 땅끝마을에 가려면 돌아가거나 산을 넘어가지 않으면 안 되던 탓에 본토와의 빈번한 교류가 힘들 수밖에 없었다.

*땅끝기맥인 우리나라 가장 남쪽 산맥이 강진에서 해남 땅끝까지 40여 km를 곧게 뻗어있다.

두 성씨가 혼인하며 살던 곳

 그런 연유로 김해 김씨 경파와 밀양 박씨 규정공파가 같은 시기에 이 땅에 이주해 온 뒤로 지금까지 16대에 이르는 동안 양 성씨가 집안 간 혼인하여 인척관계로 서로 밀접하게 연계되어 살아오던 혈연 마을이다. 산에 가로막혀 농토도 협소해 소량의 농업 외에 대대로 어업을 주 생계 수단으로 살아왔다.

 1986년에 국민관광지로 지정된 후에도 눈길을 끌지 못하다가 1994년에 그 전의 '갈두마을'에서 '땅끝마을'이라는 이름을 사용하면서 비로소 주목을 받게 됐다. 군 조례로서 '땅끝마을'이라는 명칭을 공식적으로 사용한 것은 2008년(2.18.)이 되어서이다. 이곳이 조선시대의 인문지리서 『신증동국여지승람』에 '토말'로 기록된 것에 비춰 보면 원래의 제 이름을 찾은 것과 같다. 지금은 김 양식의 적지로 떠오르고, 관광객들과 순례자들로 붐비면서 김 양식업과 관광서비스업을 위해 많은 사람들이 이주해 와서 살고 있다.

 그러나 오랜 김 씨 박 씨가 지금도 많고, 지형적으로는 구릉 넘어 저 맨 끝 조그만 땅끝 자리에 오지 마을로 구별된 형상이어서 여전히 땅끝의 신비로움을 간직하고 있다.

땅끝 희망공원이 전하는 것

 식당 길 건너 너른 주차장을 지나면 항구와 나란히 '땅끝 희망공원'이 길게 배치돼 있다. 공원엔 한반도 모양의 화단 밑에 '국민관광지 땅끝마을'을 알리는 표지석과 한반도 조형물이 나란히 서 있고, 화단 끝 쪽엔 위도(34° 17' 32") 표시와 함께 '국토순례시발지'임을 알리는 입간판이 마치 우릴 배웅하듯 서 있다.

오늘 걸어갈 방향인 땅끝마을회관 쪽에 두 개의 거대한 손 조형물이 멀리서도 눈길을 끈다. 가까이 가 '소원성취 다리'라고 적힌 문을 통과해 손 조형물이 있는 데크 위로 올라간다. 위에 합장하듯 두 손이 나란히 서 있는 손바닥 사이를 지나가면서 소원을 빌도록 설치돼 있다. 손 조형물 옆엔 "땅끝을 찾는 사람들이 희망을 기원하고 간직하고자" 제작되었다는 작품 설명문이 놓여 있다.

수많은 사람들이 관광이든 순례든 이 먼 땅끝마을을 찾는 이유는 '땅끝'에서 새로운 시작을 열기 위해서이다. 끝은 곧 새로운 시작을 의미한다. 국토의 끝에서 희망의 시작을 여는 땅끝마을의 존재가 귀하게 여겨진다.

* 소원성취 다리의 합장 손 조형물

첫 난관, 길이 없어지다

1회 차, 1일째_3rd

03. 여정의 시작

국토 대장정에 오르다

 이제는 이 땅끝마을과 작별을 고할 시간이다. 오늘과 내일의 첫 회차 이틀 동안 60Km가 넘는 사람길 국토종주의 대장정 길에 오르는 본격적인 출발을 고했다.

 드디어 '하염없이 걷기'의 여정이 시작됐다. 걷기 시작하자 기쁨이 고조된다. 내 두 발로 걷는 행위는 내 몸이 숨 쉬고 내 정신이 명상에 빠져드는 순간이다. 수년간 걷기를 해 온 일행(앞으로는 단원)들은 이런 걷기의 묘미를 안다.

 한 걸음 한 걸음 내 국토를 내딛는 순례자의 감동까지 더해지니 흥분된다는 표현이 맞을 것 같다. 가슴이 벅차오른다.

* 땅끝마을 출발 대장정길에 오르다.

땅끝마을 전망대

 땅끝마을 초입의 갈두리 삼거리에서 해안 쪽으로 산비탈 옆의 경사길을 1km 남짓 오르니 땅끝마을 전체가 한폭의 그림처럼 내려다보이는 전망 포인트가 나온다. 하룻밤을 묵으며 출발의 각오를 다졌던 곳이어서인지 안개 낀 땅끝마을의 모습이 더 정겹게 다가온다.

다시 또 언제 볼 수 있을까. 국토의 맨 끝에서 희망의 전령사가 돼주었던 땅끝마을과 이제는 정말로 작별이다.

* 전망대에서 바라보이는 땅끝마을 전경

숨겨진 보석 사구미 해변

해안을 끼고 3.5km를 걸어 통호리를 지난 곳에서 밑의 소로길로 잠시 한적한 해변을 보며 걷고, 다시 땅끝해안로(77번 국도)를 만나 1.2km 쯤 더 가니 사구미 해변이 나타난다. 궂은 날씨가 걷히고 어느새 해가 나 바다가 시리고도 곱게 반짝인다. 이 백사장은 고은 모래가 유난히 눈에 띈다.

사구미 해변은 해남반도 서해안 쪽에 있는 송호해수욕장의 명성에 가려 있지만, 고은 모래와 완만한 경사의 바닥이 보이는 맑은 바다, 뒤편엔 곰솔 숲까지 있어 한적함을 즐기려는 사람들의 야영지나 휴가지로 딱인 것 같다.

2019/01/12 11:07
* 미술작품 같은 사구미 해변

* 해변의 아름다운 정경을 사진에 담는다.

옛 학창 시절 여름철에 보길도에 갔던 때가 떠오른다. 검은 자갈밭의 해변은 좁고 사람들이 복작복작 붐비는데, 다른 한쪽 해변에 가니 놀랍게도 광활하게 펼쳐진 흰 모래 백사장과 바다가 그리도 아름다웠다. 사람이 아무도 없어서 마치 영화 장면 같은 해변의 추억이 남았다.

한적한 깨끗함이 돋보이는 사구미 해변에 작은 목선 몇 척이 묶여 있는 모습이 마치 의도적으로 설치한 한 편의 미술 작품 같은 감성을 자아낸다. 저 멀리 양식장이 보이는 곳을 향해 길게 놓여 있는 부교가 해변의 아름다움을 더하고 있다. 여기서 해 질 무렵에 보면 출발식을 했던 땅끝점이 있는 쪽으로 해가 진다. 멀리 땅끝 마지막 봉우리인 사자봉 쪽으로 지는 석양이 다도해의 작은 섬들을 붉게 물들이는 장관을 볼 수 있다고 한다.

소리없이 자신의 소임 다하는 우리 국토

사구미 해변을 지나 수문이 설치된 작은 개천을 건너니 기분 좋은 갈대밭 사이 길이 나타난다. 이어 밭 가득히 초지로 덮인 연녹색의 아름다운 들판 옆을 지나다가, 겨울철에 보는 그 녹색 빛깔이 너무 아름다워 모두들 초록 배경 사진을 담는다.

* 설렘을 주었던 겨울철 연녹색 초지

* 수문 지나 갈대밭길

*풀숲에 덮여 있던 사구 저수지

그 옆 찻길을 건너 사구 저수지 쪽으로 향했다. 산 고개 넘어 영전리 쪽으로 가기 위해서다.

언덕을 오르기 시작하는데 작은 못 같은 사구 저수지가 풀숲에 덮여 숨어 있다가 수줍게 모습을 드러낸다. 사람이 만든 저수지지만 신비하고 묘한 분위기를 자아내도록 자연이 합작품을 만들어 놓았다. 작고도 소리 없이 적재적소에서 자기 소임을 다하는 이런 모습이 진정한 우리 국토의 멋이 아닌가.

사람길은 별스럽지 않아도 매 순간 감흥을 준다. 매 걸음마다 가슴이 힐링으로 찬다. 우리 국토의 모든 모습이 소중히 다가온다.

04. 첫 난관, 길이 없어지다

길이 없어지다

숲 터널 같은 산길을 따라 윤도산(284m)과 연포산(419m) 사이 모래재 고개에 오르니 갑자기 산속에 지도에도 없는 넓은 임도가 나타난다.

전혀 예상 못했던 일이라 순간 당황스럽다. 임도는 길을 낸 지 얼마 안

* 윤도산 임도

되는 듯 자갈로 다져놓은 모습이 깨끗하고 깔끔하다. 가려던 원래의 산길은 없어지고 넓은 새 임도길만 산기슭을 감아 돌아가고 있다.

'원래 길이 없어지고 새 길이 생겼다면, 이 길로도 갈 수 있지 않을까?'

의심은 됐지만 다른 방법이 없다.

* 모래재 고개를 오른다.

힐링을 선사해 준 윤도산 임도길

방향만 잡고 임도를 따라 걷기 시작한다. 평탄하고 넓어 편한 데다 산 중턱 기슭에 만든 길이라 전망이 너무 좋고 쭉쭉 뻗은 전나무 숲이 너무 아름답다. 모처럼 만난 '산속 대로'를 맘껏 즐긴다. 코너를 돌 때마다 확 트인 전망이 발길을 멈춘다. 저 밑에 산 자락에 옹기종기 모인 마을 풍경과 바닷가 마을까지 영전리의 모습이 그림처럼 펼쳐진다.

그러나 인간은 한 치 앞도 모른다는 말이 맞다. 아무리 돌고 돌아도 내려가는 길은 아예 보이지 않고 윤도산을

* 쭉쭉 길게 뻗은 숲 사이로 깨끗한 잔돌 길이 정갈한, 새 윤도산 임도길을 걷는다.

* 코너를 돌 때마다 하늘 위에 떠 있는 듯 확 트인 전망이 발길을 멈춘다.

* 그림 같은 해안선과 마을들이 드러난다.

빙빙 돌아가고 있을 뿐이다. 산을 쳐내고 축대같이 높이 만든 새 길에 산길이 나타날 리 없다.

한 치 앞을 모르다

이렇게 멋진 임도길을 걸을 수 있어서 좋긴 하지만 산을 돌아가고 있으니 가야 할 방향과는 점점 멀어진다. 용단을 내려야 한다. 길 없는 숲속을 통과할 수밖에 없다. 지도를 보니 숲을 통과하면 가까운 곳에 우리가 가야 할 방향으로 난 옛 임도가 있다.

그러나 이제부터 전혀 예상치 못했던 수난이 시작됐다. 들어선 숲엔 전진을 못할 만큼, 허리를 펴거나 머리조차 들 수 없는 덤불 같은 가시나무가 촘촘히 꽉 깔려 있다.

맨 앞에 선 나는 장갑을 찾을 여유도 없이 손으로 가시 가지들을 걷어내다 손바닥이 난장이 되고 말았다. 단원들도 사방 찢기고 찔리며 이 난감한 숲을 통과해야 했다.

간신히 가시덤불 숲을 빠져나오자 바다가 내려다 보이는 산 위 전망이 툭 트인 넓은 풀밭이 나타난다. 누군가의 산소가 있는 언덕이다.

*가시덤불 숲을 나온 곳, 툭 트인 풀밭

* 가시덤불 숲을 헤치다 사방에 찢긴 손   * 괜찮은지 서로 돌아본다.

전쟁터라도 다녀온 장병들처럼 옷이 찢기고 난리라 풀밭에서 정비를 하며 잠시 휴식을 취한다.

좀 돌아가더라도 임도를 따라 더 갈걸… 하는 생각이 든다. 앞으로 고성까지 걸어가야 할 예측 못할 험난한 국토종주길을 예고하는 것만 같다.

난 걱정이 태산같은데, 단원들은 이쯤은 각오한 것인듯 금세 명랑함을 되찾고 우리가 시작한 특별한 국토종주에 이미 적응한 모습이다.

처음 개척하는 미지의 사람길 국토종주를 모두 끝까지 완주할 수 있을지 장담할 수 없지만, 지금 같은 모습과 각오라면 가능하다는 믿음이 마구 생긴다.

이곳에 연결된 산길도 찾았다.

구세주 같았던 슈퍼

1회 차, 1일째_4th

*고마웠던 땅끝만물슈퍼

05. 행복한 점심

첫인사

산길을 조금 내려가니 지도에서 보았던 포장된 옛 임도길이 나타난다. 이 길을 따라 내려와 땅끝해안로를 만났다. 새 직선 도로 옆으로 구불구불한 구 도로가 교차하고 있다. 한적하고 자연화된 구 도로를 따라 걷는다.

마을이라곤 없고 도로만 있는 곳인데 저 멀리서 할머니 한 분이 걸어오신다. 걷기 시작해서 처음 만나는 지역 분이다. 국토종주 원칙대로 먼저 인사를 드린다.

"안녕하세요."

"네 수고들 많으세요."

반갑게 받아 주신다. 걸음이 하도 씩씩하셔서 여쭤 보았다.

"어디 가세요?"

"운동하러 저기 남성까지 갔다 오려고요."

반갑다. 우리와 같은 걷기 동지 할머니시다. 시골 할머니 하면 밭일하는 이미지만 떠올렸는데 시간 내 따로 운동을 하고 계신다니 나로선 신선하게 느껴졌다. 인적 없는 이곳에 혼자 걸어가셔서 적적해 보였지만 할머니는 함박 웃으며 씩씩하게 걸어가신다.

구세주 같았던 슈퍼

그나저나 내려오고 나서야 미처 몰랐던 허기가 몰려온다. 시간을 보니 오후 1시를 향해 가고 있다. 배는 고프고 식당은 없다.

땅끝해안로를 만나서부터 1.5km를 가니 영전리의 삼거리 코너에 '땅끝만물슈퍼'가 구제주 같이 나타난다. 그 앞마당엔 넓은 평상도 있다. 슈퍼에 들어가 사발면, 햇반을 샀다. 주인 할머니가 주전자에 물을 한가득 끓여주신다.

멤버 중 혁이가 불쌍한 얼굴로 부탁했는지 주인 할머니께서 너무 맛있는 김장 김치까지 한가득 내주셨다. 사드린 건 몇 푼어치인데 되로 주고 말로 받았다. 또 다른 멤버 현이는 지역 막걸리까지 사 왔다. 길 위에서 다 갖춘 진수성찬이다.

지금 이 순간이 너무 행복하다. 평소 같으면 추운 겨울철에 길가에서 컵라면 먹는 것에서 행복을 떠올릴 수 있을까. 걷기는 평소 느낄 수 없었던 모든 작은 것에도 행복을 부여한다. 그때로부터 거의 2년이 다 돼가는 지금도 그때의 행복감이 생생히 떠오른다.

행복의 크기

행복은 철저히 자신이 느끼는 감정이다. 즉 상대가치가 아닌 절대가치이다. 비교할 게 많은 도시생활에선 더 많이 좋은 것을 찾지만 비교를 통해선 결코 행복할 수 없다.

길 위의 거지 철학자로 통했던 그리스의 디오게네스의 명성이 하도 자자하자 알렉산더 대왕이 세계를 정복한 뒤 지혜를 얻고자 그를 찾았다. 거지를 먼저 찾아간다니 나름 성의를 다한다고 생각한 알렉산더 대왕은 앉아있는 디오게네스에게 다가가서 선 채 물었다. "원하는 소원을 무엇이든 말하시오" 디오게네스는 즉석에서 원하는 것을 말했다. "당신이 지금 내 해를 가렸으니 비켜서 주시오."

　가질 수 없는 것까지 모든 걸 갖기 위해 끊임없이 정복했던 알렉산더 대왕, 아무것 가진 것이 없이도 이미 충분히 행복할 수 있었던 디오게네스, 극명한 두 사람의 대비는 2300년이 지난 지금도 행복을 어떻게 가질 수 있는지, 행복이 무엇인지를 생각하게 한다.

　지금 김치와 컵라면 하나로 더할 나위 없는 행복을 느끼듯 행복은 더 바랄 것 없는 최상의 감정일 뿐이다. 그래서 행복의 크기를 잰다는 건 무모하다. 물질의 값이나 양으로도 행복의 크기를 잴 수는 없다. 갖는 것보다 주는 것이 더 큰 행복을 만드는 이유이기도 하다. 그럼에도 만약 삶의 행복의 크기를 재는 시합이 있다면 오늘 얻는 것 없이 모르는 사람들에게 물을 끓여주시고 김치 사랑을 베풀어 주시고, 그 사랑으로 우리에게 무한한 행복을 주신 슈퍼 주인 할머님의 완승이다.

　잊지 못할 행복한 첫 점심 식사를 마치고 다시 해안을 향해 사람길로 들어섰다.

＊컵라면, 김치로도 진수성찬이 되었다.

겨울바다
감성 진했던 해남반도
동해안

1회 차, 1일째_5th

06. 겨울바다 감성 진했던 해남반도 동해안

바닷속 갈대밭

영전리 마을을 벗어나 평암리 해안가에 도착했다. 찬 겨울 공기가 바닷바람과 합해져 더 차다.

그런데 이 바다엔 갈대가 많은 것이 특이하다. 바닷가에서부터 짠 물속까지 바다를 갈대가 차지하고 겨울 바다와 어울리는 멋을 연출하고 있다. 날도 맑고 갈대도 하얘서 이 풍경을 액자로 담는다면 겨울바다의 하얀 세상이 담길 것 같다.

마침 이곳에 정자도 있어 이색적 풍경을 벗 삼아 잠시 겨울바다 감상에 빠졌다.

* 평암리 갈대밭 하얀 겨울바다

겨울바다가 아름다운 이유

갈대밭 해안의 하얀 감성에 젖은 특별한 휴식을 한 뒤 내륙 방향으로 난 길을 놔두고 만처럼 굽어진 해안선을 따라 풀이 양 옆으로 난 제방길을 걷는다. 우리나라 남도의 끝자락, 한 이름 없는 해안의 생경한 겨울바다가 우리의 길동무다.

길 옆 얕은 바다에 멀리 수 천 km를 날아왔을 백조 한 무리가 놀고 있는 모습이 무척 한가로워 보인다.

"겨울 바다에 가 보았지. 미지의 새, 보고 싶던 새들은 죽고 없었네." 김남조 시인은 〈겨울 바다〉 시에서 절망적 현실을 얘기하지만 죽음이 깃든 절망 속에서도 끝내, "인고의 물이, 수심 속에 기둥을 이루고 있었네."라고 새로운 희망을 직감한다.

모든 것이 소멸하는 '부재'와 '허무'는 그 자체로는 어떤 감정도 자아낼 수 없다. 산 존재에게 어떤 희망도 남지 않는 절대적 허무는 없다. 마찬가지로 희망이 없다고 서두에서 말한 시인은 역설적이게도 그 밑바닥, 보이지 않는 물밑에 인고의 물이 기둥을 이루고 있다고 확신한다.

인고 끝엔 다시 희망을 피울 것이다. 겨울은 봄을 품고 있다는 점에서 결코 차갑지 않다. 겨울바다가 아름다울 수 있는 것은 차가움 속에 숨겨 놓은 따뜻함이 더 돋보이기 때문이다.

* 평암리 해안 제방을 걷는다.

* 땅끝까지 수 천Km를 날아왔을 백조 무리가 한가로워보인다.

07. '텅 빈 요람'의 미래?

500년 마을 지킨 느티나무

제방길은 작은 하천이 바다로 합류하는 곳으로 이어져 있다. 이곳 다리부터 서홍리 사무소까지 4km 정도를 안쪽의 '남부아래길'을 따라 걷는다.

길 도중에 '묵동마을'을 지나는데 500년 된 느티나무 보호수가 눈에 띈다. 예고 없이 길에서 이런 고목을 만났다는 게 신기하다.

국토종주를 계속하면서 보니 우리네 전통 마을들은 모두 마을 한쪽에 반드시 보호수로 지정된 고목이 마을의 상징처럼 버티고 있었다.

이런 고목은 전통적으로 마을 공동 나무로 인식되었다. 신목이나 정자목

* 우리나라 전통 마을마다 마을의 표징이 되고 있는 정자목

등으로 토속 신앙이나 마을 역사의 표징으로서 다양한 의미와 역할을 하고 있다. 보호수가 말해주듯 우리나라 지방 마을들은 저마다의 역사를 간직하며 대대로 소중히 이어져 왔다.

말 그대로 이곳 묵동마을은 400년 전통을 간직한 정월대보름 헌식 굿이 유명한 마을이다. 400년을 품어온 설쇠 소리와 징 소리가 들리는 듯하다.

＊묵동마을의 500년 보호수 아래서 쉬며

'텅 빈 요람'의 미래?

그러나 지금의 많은 시골 마을들이 그만의 고유한 전통과 역사를 잇지 못할 것 같아서 안타까움이 앞선다. 인적이 없고 아이들이 없다. 우리 땅을 대대로 지켜온 전통 마을들을 우리 부모 세대만 애써 지키고 있는 게 지금의 우리 현실이다.

이분들마저 돌아가시면 시골 마을들은 텅텅 비고 만다. 우리나라 전국 시·군·구 10곳 가운데 4곳이 소멸할 위험에 처했다는 조사 결과도 있다. 2018년 6월 기준으로 전국 228개 시·군·구 중 '소멸 위험 지역'이 89곳(39.0%)으로 조사됐다.(한국고용정보원, '한국의 지방 소멸 2018' 보고서)

그나마 해남은 출산율 2.4명(2012~2018년)으로 1명에도 미치지 못하는 전국 출산율(2018: 0.98, 2019: 0.92)에 비해 전국 지자체 중 출산율 1위를 자랑한다. 이같은 결과가 그냥 얻어진 건 아니다.

해남군은 파격적인 출산지원 정책을 펴왔다. 시골 지방의 인구 감소 문제와 한국의 세계적인 저출산을 타개할 희망을 땅끝 해남이 쏘아 올리고 있다. 그러나 아이만 낳고 다시 이사 가는 일도 생기고 있어 지방 소멸 문제를 해결하기란 쉽지만은 않은 게 현실이다.

미국의 저명한 인구 문제 전문가이자 싱크탱크 뉴 아메리카 재단의 선임 연구원인 필립 롱맨은 지난 2004년 그의 저서 '텅 빈 요람'에서 요람 속의 아기의 울음소리를 들을 수 없는 사회. 즉 재앙을 예고하는 사회의 출현을 예고했었다.

우리나라 전체를 놓고 보면 더더욱 암울하다. 2020년엔 역대 최저 출산율인 0.84명을 기록했다. 조기 사망율을 감안하면 남녀 2명이 최소 2명 이상을 낳아야 인구가 유지될 수 있지만 우리나라는 1명에도 훨씬 못미치는

세계 최저 출산율을 기록하고 있다.
 옥스퍼드대학 인구문제연구소는 "한국이 지구 상에서 가장 먼저 소멸하는 국가가 될 것"이라고 발표(2018)했다.

* 해남 해안 농가의 해조류 건조대

순수 자연을 느낀다는 것

 서흥리 사무소를 지나 다시 해안 쪽으로 방향을 틀어 2km 남짓 해안선을 따라 걷는다. 해조류 건조대가 끝없는 장관을 이룬 어촌 풍경이 어민들의 땀의 상징 같아 더욱 아름답다.

* 부서져 내린 돌과 갈대밭 무성한 이진리의 순수 자연해변이 이채롭다.

　해안에 접한 작은 동산 앞의 바닷가 모래톱으로 들어선다. 침식작용에 의해 산으로부터 흘러나온 작은 돌들이 모래 해변에 넓게 흩어져 있는 모습이 이채롭다. 산길에서 볼 수 있는 너덜지대를 연상시킨다. 해변 한 켠에 키가 높게 자란 갈대밭이 있어 함께 겨울바다의 무한 감성을 자아낸다.

　인공이 없는 곳이 없는 현대엔 자연을 볼 때도 뷰포인트로 가꾸고 정해진 곳을 통해서만 액자 같은 자연을 감상해 왔기 때문에 이런 순수 자연 해변을 걷는 것이 낯설 수 있다. 그러나 감상용 자연이 아니라 직접 자연 속으로 들어가 그 일부가 된다는 것은 언제나 설렘을 주고 생각 못했던

감흥과 영감을 일으킨다. 지금의 경우처럼 출입제한 구역만 아니라면, 그리고 약간의 용기만 있다면 도전해 볼 가치는 충분하다.

 이색적이고 아름다운 자연 해변을 통과해 드디어 이순신 장군의 작전지역 중 하나였던 이진 마을(이진성지)에 도착했다.

한반도 최남단의
해상 관문이었던 마을

1회 차, 1일째_6th

*이진마을로 들어선다.

08. 이진 마을

한반도 최남단의 해상 관문

이진성의 성안 마을인 이진 마을 골목길로 들어선다. 낮고 빽빽한 담장 안으로 집들이 촘촘히 자리한 꽉 찬 느낌의 마을이다. 300호가 살았다가 지금은 150호가 살고 있다고 한다.

마을 안 담장엔 벽화가 그려져 있고, 골목 곳곳에 '남문지', '포구' 등의 이정표가 설치돼 있다. 외지인들을 위한 배려가 돋보인다. 돌담에 제주도에서 볼 수 있는 현무암이 보이는 것도 특이하다.

과거 이진 마을은 한반도 최남단에 있던 항구로 육지와 제주를 연결하는 관문이었다. 제주도로 출입하는 배들의 출입통제소가 있었다.

고산자 김정호(1804~1866)는 『대동지지』에서 '이진진은 한양에서 950리 떨어져 있고, 제주로 들어갈 사람은 모두 여기서 배를 타고 떠난다.'라고 기록했다.

* 조선시대 제주도로 출입하는 배들의 출입통제소가 있었던 이진포. 지금은 한적한 어촌 포구가 되었다.

옛 영화는 어디에

이진포에서 추사 김정희, 면암 최익현, 우암 송시열 등을 태운 제주 유배선이 출항했다. 제주도 군마와 사마를 들여오는 곳이기도 했다.

과거에는 선박의 평형수 역할을 돌이 했기 때문에 말이 내리면 제주에서 싣고 온 현무암은 더 이상 쓸모가 없어 항구에 버려졌다. 이런 연유로 제주에서 말을 싣고 올 때 배에 실었던 현무암이 마을 담장과 화단 등 곳곳에 남아 있다.

뱃길은 모든 문물의 통로이기에 이진포는 과거는 물론 지금도 그 역사성에서 귀중한 가치를 지닌다. 그러나 지금 이진 마을 포구엔 작은 고깃배 몇 척만 한가롭게 떠 있을 뿐이다. 옛 해상 관문의 영화는 보이지 않고 반농반어의 한적한 시골마을의 모습일 뿐이다.

* 이진마을 골목길과 벽화, 돌담

제주 제일의 항구였던 조천의 연북정이 이른바 유배 문화가 각광받으며 인기 있는 탐방지로 떠오른데 비해 그곳으로 떠나던 육지의 이진포는 지금 잊힌 곳이 되었다. 이진 마을과 포구 어디에도 이곳이 한양과 제주를 잇는 중요한 거점의 하나였다는 사실을 알리는 안내판은 찾을 수 없다. 조선시대 9대로인 삼남대로가 시작되는 출발점으로서, 한반도 최남단의 해상관문으로서 중요한 역사적 가치를 지닌 이진항의 의미가 살아나길 바란다.

만호 군진으로서 이진성

이진마을은 항구이면서 동시에 군관 등 300~400명의 수군이 배치된 군진이기도 했다. 조선은 1588년(선조 21) 이진에 군진을 세운 데 이어 1627년(인조 5)에는 종4품 만호가 지휘하는 만호진으로 승격시켰다. 이 지역은 고려시대부터 왜구의 침범이 잦았던 데다 을묘왜변과 임진왜란으로 이진포의 중요성이 더욱 커졌기 때문이다.

삼도수군통제사이던 이순신 장군은 이곳 이진을 비롯 어란포, 벽파진 등을 차례로 순항하며 기동훈련을 했다. 특히 이진항은 군사의 출입이 원활해 이순신 장군의 부대가 이진성에 주둔하면서 병을 치료하고 먼바다로 해상훈련을 전개하는 등 작전지역을 넓혀 나갔던 곳이다.

이런 연유로 남·북의 구릉지를 이용해 축성된 이진성이 이진 마을을 둘러싸고 있다. 방어를 위한 해자 역할로 성 주위에 바다 호수도 만들었다. 몰려드는 적군으로부터 성문을 보호하는 옹성도 남아 있다. 현재 이진성은 총 2.5km 중 940m의 성벽이 남아 있고 거의 원형을 유지하고 있어 남도진성이나 낙안읍성에 비해 손색이 없다.

이순신 장군 치료한 우물

 이진 마을 안으로 들어서니 '이진성 장군샘'이라고 이름 붙인 우물이 눈에 띈다. 1839년에 중수했으니 거의 200년이 다 돼가는 역사 깊은 우물이다. 마을 사람들이 이 우물로 모두 해결했을 만큼 물이 많고 맑았다고 한다. 지금은 사용하지 않는 우물이지만 안을 보니 깨끗한 물이 차 있다.

* 이진성 장군샘

 우물 옆엔 "1597년 8월 20일부터 이순신 장군이 토사곽란으로 몸이 아파 이진 마을에 체류하면서 이진 샘물을 마시고 치료하였다는 이야기가 전해진다"라고 적힌 안내판이 서 있다. 이순신 장군이 토사곽란으로 배가 몹시 아플 때 옆을 지킨 우물을 보고 있자니 나라를 지키기 위해 고군분투하던 이순신 장군의 숨소리가 들리는 듯하다.

 마을을 빠져나가고 있는데 웅장한 성벽이 맞이한다. 마을 통로로 이용되고 있는 부분이 이진성 동문과 서문터인데, 우리가 서 있는 곳이 바로 서문터이다. 성벽 위엔 조선 수군의 깃발이 휘날리고 있어, 잠시 우리의 땅을 지키던 옛 군사가 되어 본다. 해상 관문으로서 이진항의 흔적은 찾기 힘들지만 임진왜란 때의 이진성을 복원하는 작업은 꽤 많이 이뤄져 있다.

 육지와 제주를 잇는 한반도 최남단의 해상 관문이었고, 이 땅을 지키던 선조들과 이순신 장군의 혼이 서린 이진 마을을 직접 걸어가서 볼 수 있었다는 것은 잊지 못할 국토종주의 보람으로 남아 있다.

*이진성 서문터

시골에서 보는 일몰

1회 차, 1일째_7th

09. 면적 5%에 몰려 사는 나라

인공 시설물마저 아름다워

 이진 마을을 나와 1.5km 정도 77번(땅끝해안로) 국도를 따라 북평면 사무소에 도착하니 길가의 대형 간판 뒤쪽에 있는 산으로 해가 지며 서쪽 하늘을 온통 붉게 물들이고 있다.
 도시에선 이런 장면을 보기가 힘들다. 면 소재지라 걸어온 길에 비해 상가와 구조물 등 인공 시설이 많아졌지만 자연의 조화를 만끽하기엔 모자람이 없었다. 공기가 맑은 시골에선 인공마저도 아름답다는 사실을 새삼 느낀다.
 자연이 아예 없어진 대도시가 아닌 이런 시골에선 땅, 하늘, 자연이 인공을 압도하고 있어 인공이 있어도 그저 거대한 자연의 일부에 함몰될 뿐이다. 단원 모두 한동안 그 자리에 서서 노을의 장관을 바라보았다.
 국토종주 첫날 첫 번째 맞는 일몰이다. 이 아름다운 자연이 우리 곁에 있고 이렇게 볼 수 있다는 게 행복하다.

인구의 90% 이상이 면적 5%에 몰려 사는 나라

 우리나라의 도시 지역이 국토 전체 면적에서 차지하는 비중은 16.6%에 불과하다.(2017년 통계) 이마저 녹지지역(71.5%)을 빼면 전체 국토의 5%도 안 되는 면적(4.7%)이 주거, 상업, 공업지역 등의 도시 지역이다. 이 5%에서 우리나라의 거의 모든 인구(도시인구: 91.83%)가 살고 있다.
 바꿔 말하면 우리 국토의 95% 이상은 자연이 넘실대는 곳이다. 조금만

눈을 돌리면 산과 들, 강과 시내가 아기자기, 오밀조밀하게 수놓아진 너무나 아름다운 우리나라의 자연, 금수강산이 펼쳐진다. 꼭 멀리 갈 필요도 없다. 답답할 때, 일에 지칠 때 도시 어느 곳이든 가까운 주변에 갈 수 있는 아름다운 자연이 무한정 있다.

자연과 친해지면

도시 생활을 하다 보면, 거의 대부분의 도시인의 시각이 너무나 제한적이 되고 만다. 매일 보는 차도와 빌딩들만 전부인 것처럼 살고 있다. 바로 뒤에 광대한 자연이 있는데도 보지 못하고 누리지 못하고 살고 있다. 우리의 눈이 앞쪽 도심만 향해 있기 때문이다.

그러나 눈을 돌리기만 하면 바로 뒤쪽에 자연이 있다. 예쁜 둘레길, 산길들로 날 보러 오라고 자연이 품을 내어 주고 있다. 집을 나서서 걷기 길을 찾기만 하면 자연과 친해질 수 있다.

우리나라 사망 원인의 81%가 '현대인의 병'으로 불리는 만성질환이다. 고혈압, 당뇨, 고지혈증, 심장병, 골다공증 등의 만성질환은 모두 생활습관병으로 식습관의 개선과 함께 걷기를 통해 치유 및 예방할 수 있다. 장수의 첫 번째 조건은 튼튼한 혈관과 뼈이다. 근력과 뇌 건강을 유지하는 것도 매우 중요하다. 걷기는 이 모두를 얻는데 가장 실효적인 방법이다.

우리가 착각하는 것이 의료 기술의 발달이 저절로 100세 시대를 만들어 줄 것처럼 생각하는 것이다. 의료 기술은 죽을병을 고쳐서 수명을 연장시킬 수 있을 뿐이지 건강한 장수의 조건을 만들어 줄 수는 없다는 것을 분명히 인식해야 한다.

또한, 자신에게 힐링을 주는 친구로서 자연과 친해진다면 삶을 대하는 태도도 보다 여유로워질 것이다. 오늘날 심각한 문제가 되고 있는 환경보호, 자연보호에도 더 많은 관심이 저절로 생길 것이다.

미세먼지, 미세플라스틱, 환경호르몬, 기상이변 등 심대한 환경재해에 맞닥드린 오늘날, 자연환경 보호는 우리시대의 가장 절박한 과제가 되었다. 국토의 5%도 안 되는 곳에 몰려 살면서 만드는 공해가 95% 이상의 우리 국토 전체를 더럽히고 파괴하는 일이 더 진행되어선 안된다.

달량진 있었던 남창

해는 졌지만 다시 발길을 재촉한다. 멀리서 왔으니 우리 국토를 밟는 행복을 좀 더 느끼기 위해 금쪽같은 시간을 아껴야 한다.

북평 면사무소에서 바다 쪽으로 가면 KBS '김영철의 동네 한바퀴'에 소개된 남창마을이 있다. 남창은 원래 만호 주둔지이던 달량진이었으나 바로 전에 지나온 이진으로 만호진이 설치되면서 환곡을 위한 곡식 창고인 남창으로 바뀌었다. 남창과 이진은 같은 해안가의 바다를 사이에 두고 마주 보고 있다.

완도로 들어가는 길목에 있는 남창은 5일장으로도 유명하다. 주변 남해 바다의 끝 청정바다에서 갓 건져온 싱싱한 해산물을 맛볼 수 있고, 이를 팔러 나온 할머니들의 정을 느낄 수 있는 전형적인 시골 장터이다. 데크deck 산책로도 조성돼 있어 휴식도 하며 남도의 어촌마을을 느끼기에 안성맞춤인 곳이다.

산자락 마을 지나
첫날 국토종주 종료의 감격

1회 차, 1일째_last

10. 산자락 마을들

산자락 마을들

　우리는 바다 쪽과 반대로 대둔산 동편 자락에 신기·차경·동해 등의 마을이 1~2km씩의 거리를 두고 올망졸망 자리한 곳으로 발길을 옮겼다.

　마을과 마을 사이엔 대둔산 자락에서 이어진 숲이 우거져 있어 자연스럽게 촌락이 구분된다. 촌락과 논밭을 지나고 다시 숲을 지나면 마을마다 농업용수로 쓰기 위한 조그만 저수지들이 있다. 저수지 옆엔 정자도 설치해 놓아 마음에 쉼을 주고 운치를 돋운다.

　시골의 옛 정취가 그대로 남아 있는 마을들과 해 진 뒤 어둠이 내려앉는 농촌 들녘의 평화로운 풍경들이 지금도 눈에 선하다.

* 어둠이 내려앉는 농촌 들녘

* 걷다 보는 저수지와 정자가 마음에 쉼을 준다.

김치마을로 알려진 동해마을

김치 마을로 유명한 동해 마을에 들어섰으나 이미 캄캄한 밤이다. 마을 전체를 보지 못해 아쉬운 가운데 돌담길이 눈에 띈다.

돌담길은 오래된 마을의 상징이다. 척박한 땅을 개간해야 했던 시절, 돌을 골라내 거친 산바람, 바닷바람에 맞서기 위해 돌담을 쌓았던 개척민의 수고를 느낀다. 방풍을 위해 집과 돌담 사이의 간격이 좁고 지붕 처마가 돌담에 가릴 만큼 낮다.

* 방풍 역할을 하는 돌담에 폭 쌓인 집

이 마을은 돌담길 외에 돌샘, 후박나무 정자, 시원한 전망 등의 아름다운 풍광을 지닌 전통 마을이다. 1789년에 편찬된 『호구총수』에 제주 양씨가 420년 전 옮겨와 입향조(마을을 연 조상)인 밀양 박씨의 딸과 결혼했다는 기록이 있는, 17세기 이전에 형성된 전형적인 남도마을의 풍취를 간직한 마을이다.

풍광이 아름다워 2004년 녹색농촌 시범사업에 선정되었고, 2008년 '녹색농촌마을'로 지정된 후 관광객이 많이 찾아오고 절임배추 판

* 유서 깊은 동해마을 중앙에 수백 년 정자나무에서 쉼을 얻다

매, 김치담그기 체험 등으로 김치마을로 알려졌다. 두륜산 기슭의 맑은 물과 풍부한 수량으로 농사가 잘되고 특히 배추가 맛있기로 유명하다.

우리를 낳고 기른 대표적인 전통마을을 가 볼 수 있게 해 주는 체험마을이 고맙다. 농촌의 심각한 고령화로 앞으로 이 같은 체험 기회마저 없어질까 염려도 된다. 젊은 귀농인들이 많아져 신 영농의 먹거리 해결뿐 아니라 다양한 전통 체험 기회를 유지해 전통과의 단절을 막는 일에도 힘써 주면 좋겠다.

마을을 통과하자니 규모가 꽤 큰 마을임이 밤길에도 느껴지고, 유서 깊은 마을 답게 마을 가운데에 있는 수백 년 된 정자나무가 지나는 객에게도 쉼을 준다.

11. 첫날 국토종주 종료

시골 밤 들녘길

이곳에서 잠시 쉰 뒤 마을 앞길로 나선다, 과거엔 마을 앞까지 바닷물이 들어왔다고 한다. 간척 이후 평야로 변화한 너른 들녘이 우측으로 펼쳐지고, 대둔산 자락의 신선한 숲이 좌측으로 호위하는 농로길을 캄캄한 밤에 걷는데 기분이 너무 상쾌하다. 마치 내가 천진난만한 어린 시절로 돌아가 시골 동네를 밤늦게 뛰어다니고 있는 기분이다.

다시 77번 국도로 나오니 동해교(동해저수지에서 바다로 흘러드는 동해천 다리) 바로 앞이다. 오늘 국토종주 첫날 걷기는 여기서 종료하기로 했다.

미터기를 보니 오늘 아침 6시에 숙소에서 나와서부터 밤 7시까지 국토종주 첫날 총 33km를 걸어왔다.

사람길 국토종주의 이유

 삼천리 금수강산의 시작점이자 끝점으로 국토의 맨 끝에서 희망의 전령사가 돼 주고 있는 땅끝마을, 야영지나 휴가지로 손색없던 숨겨진 보석 사구미 해변, 길을 잘못 들어 가시덤불에 찢기며 험난한 사람길 국토종주의 예방주사를 맞았던 윤도산, 따뜻한 마음이 오갔던 행복했던 점심지 땅끝만물슈퍼, 갈대와 자연 해변으로 겨울바다를 만끽했던 해남반도 동쪽 해안, 한반도 최남단의 해상 관문이면서 이 땅을 지키던 선현의 혼이 서린 이진마을, 산자락에 올망졸망 모여 사는 자연 부락들과 시골 들녘, 다양하고 참 많은 것을 보고 느꼈던 하루였다.

 국토종주란 차로 얼마든 언제든 가 볼 수 있는 유명 관광지를 가는 것이 아니다. 두 발로 한발 한발 우리 국토의 진면목을 체감하고 소중한 이 땅의 존재를 오감으로 느끼기 위한 것이다. 첫날 걷기는 우리가 왜 사람길 국토종주를 시작했는지를 확인시켜 주었다.

* 지나온 길들

해남 편 ∥ 땅끝에서 희망을 · 71

국토종주 첫날밤

첫날 걷기를 무사히 마쳤으니 군침이 도는 저녁식사와 잠자리를 위해 북일면 소재지로 이동했다. 라면 점심을 한 허기가 몰려와 무엇이라도 씹어 먹을 기세다.

단원 중 재학 님이 찾아낸 북일기사식당으로 향했다. 재학 님이 믿고 가는 기사식당, 반찬 많은 남도음식 맛집이란다. 우와~ 말만 들어도 좋다. 아니어도 되는데, 멀 먹어도 괜찮은데, 너무 행복하다.

배고파서인지 구분은 안되지만 역시나 너무 맛있는 식사다. 돼지고기, 생선, 굴, 찌게, 난 못 먹는 홍어까지 없는 게 없다.

멀리 갈 필요 없이 잠자리도 이 식당에서 운영하는 민박집에서 해결했다. 식사를 마치고 이날 밤 숙소에서 단원들끼리 갑작스럽게 시작했던 007 게임은 두고두고 잊지 못할 만큼 재밌었다. 걷기도 걷기지만 앞으로 국토종주를 1년 넘게 같이해야 하므로 서로 친근해지는 것이 무엇보다 중요했다. 익숙지 않았던 게임이지만 밤이 깊어가는 줄 몰랐다.

＊북일기사식당의 푸짐한 반찬으로 남도 저녁식사

2일 차 출발,
수풀과 계곡을 헤치고

1회 차, 2일째_1st

12. 과거와 현재, 미래의 연결자

시간의 연결, 2일 차 출발

　자동으로 아침도 이 식당에서 한다. 저녁 못지않은 푸짐한 아침 식사다. 보온병에 따뜻한 물을 채운 후 오늘 국토종주 이틀 째 걷기를 위해 어제 걷기 마친 곳으로 이동한다.

　마친 곳으로 다시 와서 다시 어제의 기억 속으로 들어간다는 것, 그래서 어제의 시간과 연결해서 다시 오늘의 시간을 시작한다는 것, 이것은 미처 몰랐던 설렘을 주는 것이다.

　우리는 삶에 있어 놓치고 싶지 않았던 순간들, 힐링에 젖게 한 순간들을 맞곤 한다. 그러나 시간이 지나면 그 순간으로 다시 돌아갈 수 없다.

　언제나 걷기를 마칠 때쯤엔 노곤함과 함께 오는 묘한 행복감에 도달한다. 성취감도 한몫 한다. 걷기를 마친 장소는 그때의 그 감정들이 모여 있는 장소다. 아무것도 아닌 그저 평범한 길가에 불과하지만 우리에겐 특별한 장소다. 그곳으로 돌아가서 다시 그 시간을 이어갈 수 있다는 것은 행운이다.

　오늘 걸을 경유지에 대한 소개와 간단한 체크를 하며 출발식을 한 후 국토종주 2일째 걷기 출발이다.

＊어제 마쳤던 그 장소에 와서 다시 순례 길을 이어간다.

갑자기 나타난 표지석 하나가

다른 길이 없어 어쩔 수 없이 찻길을 걸을 땐 일렬로 선다. 맨 뒷사람이 배낭에 현수막을 붙이고 우리가 신성한 국토종주의 순례자들임을 지나는 차들에 알린다. 수진 멤버가 맨 뒤를 책임졌다. 지나가던 차들은 속도를 늦춰 안전을 도모해 주고 응원해 준다. 제작이 늦어 오늘은 깃발을 못 달았지만 다음 회차부터는 각자 깃발도 달 계획이다.

55번 국도로 고갯길을 넘어가는데 인도도 따로 없는 찻길 가의 고갯마루에 누구도 봐주지 않을 낯선 표지석이 하나 서 있다. 이 길이 '고난의 길'임을 설명하는 결코 가볍지 않은 표지석이다. 추사 김정희, 원교 이광사, 고산 윤선도가 유배 갈 때 걸어간 쇠노재 길이라는 설명이 깨알같이 박혀 있다.

그들이 바다를 건너기 위해 머물렀던 곳인 어제 지나온 이진성에 대한 설명도 있다. 지금은 차만 씽씽 달리는 찻길로 변했지만 이 길은 숱한 애환을 간직한 길, 추사체와 원교의 동국진체, 고산의 가사문학이 꽃을 피우기 위한 고난의 길이었음을 밝혀 놓고 있다.

* 옛 쇠노재 고개는 지금 찻길이 되었고, 대신 '고난의 길' 표지석이 옛길의 이야기를 전해 주고 있다.

과거와 현재, 미래의 연결자

우리 국토는 곳곳에 과거를 머금고 있다. 단지 우리가 모르고 있을 뿐이다. 수백 년, 수천 년의 이야기들이 차곡차곡 쌓여 온 우리 국토, 그 국토를 이어받은 우리, 그래서 우린 나 홀로가 아니다. 어디서 갑자기 나타난 존재도 아니다. 그들의 애환, 그분들이 우리에게 주는 감흥을 공유하는 우리는 지금 여기에서 과거와 현재, 그리고 미래의 연결자로서 존재한다.

없었다면 그냥 지나갔을 표지석 하나가 우리의 옷깃을 여미게 만들었다. 국토 순례자로서 더욱 엄숙한 사명감을 느끼는 순간이다.

13. 수풀과 계곡을 헤치고 흥촌리로

다시 숲으로 들어서다

우리가 편한 길을 갈 때가 아니다. 고난에 동참하는 마음으로 편히 갈 수 있는 찻길을 놔두고, 출발 후 2km 지점에서 다시 사람길을 찾아 언덕 밑의 계곡으로 내려섰다.

수풀과 계곡을 헤치고 길을 찾아 나간다. 용감한 혁이와 메리언이 앞장서서 숲을 헤친다.

점점 공간이 넓어지고 마을이 가까워 오면서 기분좋은 설렘과 기대가 번진다. 아침 해가 숲 사이로 비춰면서 숲과 낮은 풀들이 겨울임에도 아름답게 빛난다.

아! 사람길을 찾아가는 이런 즐거움이!

옛 사람들도 마을을 찾아갈 때 요즘처럼 편히 찻길로 가지 않고 이렇게 숲속 길을 찾아가다 인가 하나를 만나고 또 마을을 만나는 반가움이 컸을 것 같다.

메사 베르데 고원과 두륜산 투구봉

마을로 들어서니 바로 코앞으로 두륜산(700m)의 투구봉이 마치 메사 베르데 고원의 인디언들이 튀어나올 것 같은 위용으로 서 있다. 예전에 메사 베르데로 가는 길에 흡사한 봉우리를 돌고 돌아 넘었던 기억이 난다.

그곳을 넘으면 한없는 고원 평원이 나타나고 침식이 일어난 가장자리에 고대 푸에블로족이 살던 최대 규모의 절벽 주거지와 유적이 남아 있다. 침식과 퇴적 작용으로 정상은 평평하고 가장자리는 절벽으로 된 신비한 고원이었다. 유네스코 세계문화유산(1978)이자 미국의 국립공원 중 가장 중요한 곳으로 꼽힌다.

두륜산도 원래 한이 없이 크다고 해서 한듬산이었다. 화강암으로 이루어진 산이 오랜 세월 침식으로 산정이 둥글넓적한 모습을 해 두륜산이란 이름을 얻었다. 우리가 있는 동쪽으로는 경사가 급해 푸에블로족이 살던 곳처럼 자연 성벽 같은 모습을 하고 있다.

*메사 베르데 고원의 봉우리가 연상됐던 두륜산 투구봉

* 흥촌리 평야지대에 두륜산이 우뚝 솟아있다.

평원에 우뚝 솟은 두륜산을 배경으로 아침 해가 비추인 흥촌리 마을이 새로 단장하듯 깔끔한 모습으로 깨어난다. 수백 년 역사를 지닌 흥촌리는 농업을 주 생업으로 하는 평야 지대에 자리잡은 마을이지만 우리나라 100대 명산인 두륜산 정상을 포함하고 있는 마을이기도 하다. 그래서인지 매일 웅장한 산을 마주하는 기상이 마을에서 느껴진다.

흥촌리 고목들 사이에서 특별한 휴식

일직선으로 뻗은 농로길을 지나 오소재로(827번 지방도)를 건너 흥촌리 사무소 방향으로 들어서는 코너에 흥촌리 표지석이 서 있다. 특이하게 그 옆으로 보호수인 수백 년 고목 7~8그루가 가로수처럼 도열해 있는 모습이 크고 오랜 마을의 기품을 한눈에 느끼게 한다.

고목들 사이사이로는 고목과 조화를 이룬 테이블과 정자가 마련돼 있어 더 반갑다. 이 특별한 쉼터를 그냥 지나칠 수 없다. 오손도손 모여 앉아 간식과 차를 모두 꺼내 특별한 휴식을 가질 수 있었다.

* 홍촌리 마을 표지석, 그 옆으로 보호수 고목 7~8그루가 도열지어 있다.

* 수백 년 고목 속의 아늑하고 특별한 쉼터

경계가 무의미한 운명공동체

1회 차, 2일째_2nd

* 평야지대를 걸어가 장수마을로 들어가기 직전

14. 해남 간척 평야

드넓은 간척 평야

 마을 사이를 지나 주작산을 넘기 위해 넓디넓은 평야지대로 나섰다. 직선으로 뻗은 농도 신작로로 주작산(475m) 방향으로 걷다 보면 산 밑에 자리 잡은 마을들이 보인다. 마을 앞쪽으론 너른 평야지대이다. 이 중 상당수는 간척지이다.

 해남은 전체 면적 중 5분의 1이 간척지(해남 총면적 1,031.4㎢ 중 간척지 면적 203.9㎢)일 만큼 전국 제일의 간척지를 보유하고 있다. 산이반도 등 서남해안에 주로 많고 동해안 쪽 강진만 어귀의 북일면에도 많은 간척지가 있다. 덕분에 해남은 군 단위 지자체 중 전국 최대 면적의 농토를 보유하고 있다. 쌀, 겨울배추, 고구마, 물김 등은 전국 최대 생산량을 차지한다. 리아스식 해안선과 서남해안의 맑고 청정한 바다로 수산 양식업도 각광받는다.

 해남은 원래 동고서저의 지형으로 해남 동부는 소백산맥에서 나온 땅끝지맥이 통과하면서 산악 지형이 많다. 척박한 곳에서 억척스럽게 살아온 토박인들의 에너지가 삶을 개척하고 땅을 넓히는 데도 적극적인 실천으로 나타나 이 같은 곡창 평야지대를 만든 것이 아닐까.

한 길에 두 마을이

 운전리 마을회관에서 영수천 방향으로 틀어 반듯한 직선 신작로로 걷다 보니 평야지대에 장수마을이 나타난다.

신기한 건 겉으론 한 마을처럼 보이는데 군 행정구역을 달리하는 두 마을이 붙어 있다. 마을길 하나를 사이에 두고 한쪽은 해남 북일면 장수리이고 다른 한쪽은 강진 신전면 영수리이다. 겉으론 돌담을 앙증맞게 쌓은 집들이 한 마을처럼 다닥다닥 붙어 있다.

15. 해남이 준 마지막 교훈

해남 마을 나오니 이미 강진

마을 뒤로는 영수천이 흐르지만 웬일인지 하천을 기준으로 행정구역이 갈라진 것이 아니고 한 마을 안에서 두 행정구역이 나뉜다. 이 지역 간척으로 생긴 땅을 공평히 나누다 보니 생긴 현상 같다.

무슨 마술도 아니고 우린 분명히 장수마을 골목길로 들어갔는데, 나올 땐 영수마을 골목길로 나왔다.

유난히 촘촘한 마을 골목길을 호기심 가득해 통과하다 보니 군 경계를 언제 통과하는지도 모르고 통과하고 말았다. 나도 모르게 이미 강진땅으로 들어선 것이다.

해남이 마지막으로 준 교훈

마을을 나온 뒤에 영수천을 건널 때에야 늦게 알고,
"이제부터 강진이야."

*길 하나를 사이에 두고 왼쪽은 해남군 장수마을, 오른쪽은 강진군 영수마을이다. 두 마을이 한 마을이 되어 사는 곳이다.

"와 우리가 드디어 새 군으로 들어섰어."

라며 서로 감격해했다. 많은 명소와 얘깃거리로 지금도 기억에 선명히 남아있는 강진 땅을 이렇게 소리소문없이 들어섰다. 특히 해남 땅끝에서 출발해 해남군을 걸어서 완주한 보람에 가슴이 뭉클해온다.

국토종주의 첫 번째 군과 작별하고 새 군으로 들어서는 그 경계선을 넘는 순간을 기념하고 싶었다. 그러나 경계는 무의미했다.

두 마을이 한 마을로 사는 모습은 우리가 한국 땅에서 같이 사는 모습의 축소판 같다. 우리가 한 운명공동체라는 사실이나 군 경계를 모르고 넘은 것이나 모두가 우리 국토와 우리 한국인은 이미 모두 하나라는 사실을 말해 주는 것만 같다.

남도답사
1번지

―

강진 편

―

주작산에 배인 선조들의 국토 사랑

1회 차, 2일째_3rd

01. 주작산에 배인 국토 사랑

맘 놓고 쉰 장수 저수지

영수천을 건너 좌측에 영수천 발원지인 주작산과 장수 저수지 방향으로 천을 따라 걷다가, 농로로 접어들어 조금 가니 겨울인데도 주변에 온통 초록색 짙은 풀이 덮인 밭이 사방에 펼쳐져 있다.

* 주작산을 향해 장수 저수지 앞 농로를 걷는다.

* 겨울철 풀이 덮인 밭을 통과한다.

밭에 왜 잔디같이 풀이 있을까. 소먹이로 일부러 키우는 풀일까 추측해본다. 밭을 통과해 장수 저수지에 도착했다.

주작산 바로 밑 고지대에 자리한 장수 저수지가 생태 호수같은 뜻밖의 아름다운 풍경을 자아내고 있다. 앞으로 평야지대가 내려다보이고 뒤로 주작산의 암릉과 호수가 어우러진 풍경이 일품이다.

댐 둑으로 소담스럽게 풀이 덮여 이 푹신한 곳에 앉아 좋은 경치 속에 쉬고 싶은 충동이 저절로 생긴다. 떠나고 싶지 않다. 너무 좋다. 댐 둑에서 폴짝폴짝 뛰기도 하고 눕기도 하며 모처럼 맘 놓고 쉬며 놀았다.

* 저수지 둑방에서 맘껏 논다. 뒤로 주작산 암릉과 호수가 그림 같다.

주작산에 배인 선조들의 국토 사랑

소풍 온 것이 아니니 마냥 놀 수는 없다. 약 10여 분 머무른 뒤 이제 주작산을 넘어야 할 시간이다.

주작은 사방신을 말할 때의 그 주작의 뜻으로 이름 붙였다. 주작은 봉황처럼 생긴 상서로운 새의 상징으로 풍수지리상 좌청룡, 우백호, 북현무와 조응하여 남쪽 최전방을 지켜주는 수호신이다.

실제로 주작산은 우리 국토의 남쪽에서 봉황의 형상을 하고 있다. 머리 부분인 정상이 동남 방향으로 나와서 바다를 향해 있고 그 뒤로 양쪽 날개를 펼친 형상이다. 오른쪽 날개는 해남 오소재로 이어지는 암릉이고, 왼쪽 날개는 덕룡산 쪽으로 이어지는 능선이다. 날개를 펼친 모양의 직선 능선은 10km에 이른다.

조선 중기의 대표적인 인문지리서인 『신증동국여지승람』(1530년, 55권 25책)에 주작산이 언급돼 있고, 향토지엔 주작의 형상을 한 주작산의 모습을 설명하고 있다. 우리의 선조들은 우리 국토의 남단에 주작의 형상을 한 산을 보고 대번에 주작을 떠올렸을 것이다. 우리를 낳았고 우리 삶의 터전이 된 국토에 대한 선조들의 사랑과 국토를 지키고자 하는 열망이 지명에 절절히 스며 있다. 아주 오래전부터 우리 국토의 남방을 지켜주는 산으로 역할해 왔던 주작산을 오르고 있다니 한번 더 국토종주의 보람이 느껴진다.

다산이 걸었던 길

넓게 조성된 임도가 구비구비 주작산 정상을 향해 이어지고 있다. 오르다 보면 확 트인 해안선과 다도해가 한눈에 들어오고 드넓은 간척 평야지대가 펼쳐 보인다.

우리가 넘어가는 곳은 주작의 목 부분이다. 작천소령 고개를 다 올라 양 날개가 펼쳐지는 가운데 부분으로 가니 푯말이 하나 서 있다. 푯말엔 다산

* 임도를 따라 오르는 주작산 초입부터 오른쪽 아래로 휴식했던 장수저수지와 평야지대의 조망이 펼쳐진다.

시문집에 실린 '개보에게 부치다'라는 시가 소개돼 있다.

"주작산 속에 자그마한 산장 하나, 그대의 별장이 참으로 청량하네. 금년의 이 모임을 언제나 또 가질까."

라며 산 기슭에 조석루를 짓고 있던 개보 윤서유(다산 정약용의 친구이자 사돈지간)에 대한 그리움을 표현하고 있다.

조석루가 이곳에 있던 것은 아니다. 주작의 왼쪽 날개에 해당하는 덕룡산 기슭에 우리가 걸어가게 될 월하마을 쪽 작은 산들에 해남 윤씨 22세 윤광택(항촌파)이 농장정원인 농산별업을 조성했고, 그의 아들 윤서유가 서재와 별장을 조성한 것이다. 다산이 조석루를 주작산 속 산장으로 표현한 것은 그만큼 주작산을 중요하게 보고 덕룡산을 포함한 이 일대 산의 주산으로 여긴 것 같다.

다산은 매번 꽃이 필 때, 뒤에 소개할 '석문에서 바람쐬고, 용혈암에서 쉬고, 청라곡에서 물 마시고, 농산 조석루에서 하룻밤을 묵는'(다산의 '조석루기') 산보를 즐겼다. 다산이 밤낮으로 집필에 몰두하여 심신이 지쳐 있을 때 윤서유의 초대로 매년 위 경로의 산보와 1박은 모든 피로를 풀고 다시 저작 활동을 계속하도록 에너지를 재충전하는 기회가 됐을 것이다.

조선 후기의 대표적인 농장정원인 농산별업과 서루풍 별장 조석루는 한국 정원문화의 정수를 보여주는 곳이었지만 지금은 흔적이 없다. 아쉽지만 백련사와 다산초당에서 주작산을 잇는 다산이 걸었던 이 길은 천혜의 풍광뿐 아니라 국토의 중요성을 일깨우는 남단의 보석같은 길로 남아 있다.

* 임도를 따라 오르는 길 뒤쪽에 주작의 오른쪽 날개에 해당하는 오소재 암릉이 병풍처럼 곧게 쳐져 있다.

거대 흔들바위 동구리 바위

1회 차, 2일째_4th

*동구리바위

02. 주작의 등에서 휴식

12시 넘어 간식으로

주작이 양 날개를 펼친 등 부분인 작천소령에 넓은 억새밭이 있다. 바람결 따라 하늘거리는 억새풀이 겨울 감성을 더하는 곳 옆에 마침 너른 평상이 있어서 안방인 양 오늘 걷기 중 처음 신발을 벗고 올라앉았다.

벌써 12시를 넘기고 있다. 걷기 이틀째라 모두 간식이 남지 않았을 것 같다. 아껴 두었던 쥐포를 꺼내니 단원들도 이런 때를 위해 간직한 듯 간식거리를 꺼낸다.

* 산 위(작천소령)에 겨울감성을
  더하는 억새풀밭이 있다.

면 소재지까지만 기다리자

 땅끝 쪽이어서 자연부락 외에 상가는 거의 없다. 상점이 없으니 작은 것 하나도 소중하고, 먹을 것도 더 궁하다. 콩 한 쪽도 나눠 먹듯 있는 거 없는 거 다 꺼내, 차린 건 없지만 많은 것처럼 먹는다. 이럴 때 보면 예수님이 보여 주신 오병이어만 기적이 아닌 것 같다. 나누면 많아지는 건 진리이다.

 곧 멀지 않은 시간에 점심을 먹어야 한다. 이때까지만 해도 면 소재지에 갈 때까지 참으면 된다고만 생각했다. 어이없고 뼈아픈 경험과 교훈이 우릴 기다리고 있는 줄은 아직 몰랐다.

*주작의 등에서 처음 발 벗고 평상 위에 앉았다.

03. 주작산의 마침표, 동구리 바위

거대 흔들바위

고갯마루를 내려서니 예쁜 소나무와 편백나무 숲길이 나오고, 그 길을 호젓이 걸어가니 주작산 자연휴양림이다. 산속의 비교적 높은 곳(해발 200~270m)에 위치한, 말 그대로 자연이 살아 숨 쉬는 휴양림이다.

*주작산 작천소령을 넘어 내려가는 길은 예쁜 소나무와 편백나무 숲길이 마중나온다.

봉양제 방향으로 다시 숲길(다산 유배길 1코스)을 따라 내려가다 보니, 밑에 골짜기 옆에 치솟은 높은 암벽들의 절벽 위에 아슬아슬하게 걸려 있는 둥근 바위가 나타난다. 마을 주민들이 동구리 바위라고 부르는 흔들바위이다. 직경 3.5m에 무게가 10톤이나 되는 큰 바위다.

높은 암벽 끝에 아슬아슬 걸쳐 있어 보는 이로 하여금 저절로 자연의 경이로움을 느끼게 한다. 신기한 건 더 있다. 이 큰 흔들바위를 직경 50cm의 작은 돌이 받치고 있다. 또 마치 뚜껑을 닫아 놓은 것처럼 바위를 빙 둘러 금이 나 있는 것도 신기하다.

너무 평화로워 할 일 없어진 장군의 전설

옛날에 이 마을을 지키던 장군이 있었는데, 주민들이 워낙 평화롭게 살다 보니 장군이 할 일이 없어져서 하늘로 승천하면서 바위 안에 갑옷을 넣어두었다는 전설이 있다. 그래서 흔들바위를 밀거나 흔들면 장군이 놀라 소원을 들어준단다. 가뭄에 주민들이 새끼줄을 묶어 끌어내리려고 흔드니 비가 내렸다고도 전해온다. 평화로운 마을과 소원을 들어주는 바위의 전설은 지역 주민들의 가치관을 담고 있지만 넓게 보면 한 지역이 아닌 우리 모두의 삶이 꿈꾸고 지향하는 바를 표현하고 있다.

전문가들의 조사 결과 바위의 밑 부분이 원형을 이루고 있어 10여 명의 성인이 밀면 미세한 움직임을 느낄 수 있다고 한다. 풍수 전문가들은 이 바위에 봉황의 상서로운 기가 뭉쳐 있다고 말한다. 그래서 바위를 만지거나 주위에 서 있는 사람은 머리가 맑아짐을 느낀단다.

자연의 신묘함

실제로 이 흔들바위는 주작산의 형상처럼 남해 바다를 향해 비상하는 주작의 몸에서 자연스럽게 흘러내려오는 산자락에 위치해 있다. 마치 주작의 몸에서 나온 알처럼 자리한 데다 둘레에 금이 가 있어 금세 부화라도 할 태세이다.

어미 주작에 이어 알에서 깨어난 어린 주작까지 대대로 우리나라를 영구히 지키는 형상이라니 신기함을 넘어 엄숙하기까지 하다. 여덟 명당을 품고 있다는 영산 주작산의 마침표 같다. 역시 자연의 조화는 오묘하기만 하다.

*주작의 알 같은 신비한 동구리 바위에서 한동안 떠날 줄 모르고 놀고 있다.

절벽 위라 옆으로 돌아 내려가려고 하는데, 멤버 중 정주 님이 바위 절벽 사이에 사람 하나 겨우 들어갈 작은 동굴 같은 데로 들어가 보더니 밑으로 통하는 길이 있는 것 같다고 얘기한다. 우린 모두 탐험가가 된 양 너도나도 동굴 속으로 사라져서 바위 밑으로 나와 길과 만났다.

신통방통의 연속이다. 우리에게 끝없는 환상을 부여해 주고 있는 자연, 지금도 우리 옆에 있는 소중한 자연을 처음 있던 그대로 보존하려는 마음과 의지를 갖고 살아야 할 것 같다.

*암벽 지대에 나 있는 바위굴로 들어가서 길과 만난 신비한 체험을 하다.

배를 곯았던 일과
우리 시골의 안타까운 현실

1회 차, 2일째_5th

04. 평화로운 마을

주작산 바로 아래 전설 속 마을 같아

    대나골로 내려와 넓은 포장도로인 주작산길을 만나니 주작산 자연휴양림 관리사무소가 있고, 왼쪽으로 주작산의 왼쪽 날개에 해당하는 덕룡산의 암릉이 솟아 있는 모습이 웅장하다.

    잠시 정비를 한 후 봉양제 저수지를 돌아가니 양지바른 곳에 수양마을이 나타난다. 주작의 머리인 주작산과 날개인 덕룡산 사이에 폭 싸인 마을, 전설 속의 그 평화로운 마을처럼 단란해 보인다. 수양리가 속한 신전면은 전 지역이 주작산 기슭의 야산지대로 인구 2천여 명, 초등학교 1개가 있는 작은 면이다.

*주작산을 내려와 첫 마을인 수양마을이 주작의 왼쪽 날개인 덕룡산 암릉 밑에 평화롭다.

이곳은 농작지도 산과 구릉들에 둘러 쌓여 문명과 동떨어진 외딴곳, 그러면서 전통적인 시골 산골마을의 포근한 느낌을 준다. 지형의 생김새에 따라 걷기 하는 마음도 달라지는데, 때 묻지 않은 시골 풍경에 날씨까지 화창해 비록 겨울바람이 차도 마음은 화사하다.

그런 경작지를 통과해 낮은 구릉을 하나 넘으면 여기부턴 도암면이다. 다시 층층이 난 경작지 옆의 이름없는 동산 아래 길을 따라 동산을 넘기 위해 오르막길을 접어드는데 갑자기 대나무 숲이 나타난다. 호기심에 터널 같은 대나무 숲을 통과하니 그 안에 제법 큰 묘가 있다. 양지바른 잔디밭이 이젠 피곤할 만큼 피곤해진 우릴 잠시 쉬었다 가라고 말해주는 것 같다. 잔디밭에 털썩 앉아 이름 모를 묘에서 쉼을 얻었다.

* 이름 모를 큰 묘 둔덕에서 쉬기 전 터널같은 대숲을 통과한다.

05. 다산의 사돈이 살았던 땅

다산이 외동딸을 시집보낸 집안

그리고 보니 마주보이는 덕룡산 자락이 다산 사돈가의 농산별업이 있는 곳이고, 이 동산 뒤편이 다산의 외손자이자 다산의 학통을 이어받은 대학자 방산 윤정기의 묘역이 있는 곳이다. 그의 증조부 윤광택이 다산의 부친 정재원의 친구였고, 앞서 언급한 조부 윤서유 또한 다산의 벗이었다.

이 집안은 신유옥사 때 다산가와 친분이 있다는 이유로 연행을 당한 일까지 있었지만, 다산이 강진으로 유배 오자 초기 삼엄한 분위기에도 윤광택은 "친구의 아들이 곤경에 처해 한 고을에 와 있는데 겁내고 조심하느라 위문하는 예절까지 폐하겠는가"라며 은밀히 사람을 보내 도와 주기를 자주했다고 전한다. 이 같은 친분으로 윤광택의 손자인 윤영희가 다산초당의 강학에 참여하였고, 다산은 윤영희를 외동딸 나주 정씨와 결혼시켰다. 다산이 초당에 있을 때인 1812년의 일이다. 이 둘 사이에서 방산이 태어났다.

방산 윤정기 유적지

다산이 두릉 본가로 돌아간 뒤 다산에게 직접 수학한 방산 윤정기는 다산의 『시경강의』를 보완한 저서 『시경강의속집』을 비롯해 500여 편의 시와 문장 등을 남기며 다산학을 이었다.

방산은 학문에 뜻을 두어 벼슬길을 마다하고 조상의 땅인 도암면 항촌에 내려와 백학루를 건립하고 후학을 가르치며 선비의 길을 걸었다. 당대에 문명을 날렸고, 특히 시문에 능해 중국 북경의 학자 주당에게서 "백홍의 기상이 있다."는 극찬을 받았다. 당대의 거경석학들이 종유하기를 원했고, 권돈인, 김병학 등이 모두 윤정기의 문우이다. 그가 잠든 묘는 '방산 유적지'로 향토문화유산에 지정돼 관리되고 있다.

다산의 사돈이 살았던 땅인 도암면 항촌마을을 향해 동산을 넘어가기 위해 일어선다.

이곳은 대나무가 많다. 대나무숲이 우거진 예쁜 동산을 넘고, 너른 평야지대를 지나고, 이어 나타난 55번 지방도를 건너 하천 옆 논두렁길을 따라 드디어 도암면 소재지 시내에 도착했다.

* 대나무 숲 우거진 동산을 넘는다.

* 다산의 외손자 방산 유적지와 너른 평야지대를 지나 도암면 소재지로 향한다.

* 논두렁길을 통과해 도암면 시내로 들어간다.

06. 우리 시골의 안타까운 현실

슈퍼를 지키고 계시던 할머니

벌써 오후 3시를 훌쩍 넘겼다. 춥고 배고프지만 버스터미널과 보건소, 우체국, 파출소, 농협 등이 있는 시내라서 기다리고 기다리던 점심을 먹을 수 있겠다고 희망에 부풀었다.

그러나 그건 희망사항일 뿐임을 곧 알게 됐다. 선택의 여지가 없이 시내 도로 가의 식당이 보이는 곳은 모두 들어가려고 시도했지만 문이 닫혀 있거나 영업을 하고 있지 않았다. 이 면소재지 시내의 어떤 곳도 음식을 먹을 수 있는 곳이 없다.

하는 수 없이 마트를 찾았지만 하나로마트도 닫혀 있어 시내로 들어올 때 봤던 슈퍼마켓으로 가니 다행히 열려 있다. 거동이 불편하신 것 같은 할머니 한 분이 슈퍼를 지키고 계신다.

우리 시골의 현실 일깨워준 면 소재지 슈퍼

그러나 이곳저곳 둘러봐도 음식거리가 없고 그나마 있는 빵은 유통기한을 넘었다. 면 소재지 시내에 있는 슈퍼인데 이럴 수가. 화가 나는 게 아니라 몸이 불편하신 할머니가 겨우 가게를 지킬 만큼 쇠퇴해가는 우리 시골의 현주소를 본 것 같아 너무 슬프고 안타깝다.

서울 근교나 중부 위쪽의 지방과 달리 한반도의 남쪽 끝, 전남에서도 가장 끝에 있는 지방의 실체를 상징적으로 보여주고 있는 것 같다.

도암면은 강진군의 다른 면에 비해 비교적 넓은 면적(69.42㎢)이지만 현재

3,000여 명의 적은 인구가 살고 있다. 다산의 유적과 세종대왕의 형 효령대군이 기거했던 유서 깊은 백련사를 품은 도암면이라기엔 쓸쓸함이 앞선다. 더 밑에 해남 땅끝마을은 그래도 국도가 지나고 많은 관광객이 찾고 있지만 이 지역은 고속도로나 국도마저 지나가지 않아 외진 곳이라는 생각이 든다.

  오늘이 일요일이라 많은 가게가 쉬고 있다고 위안을 삼았다. 감사하고도 다행한 건 슈퍼에서 과자와 각자 2개씩 두유로 배고픔을 달랠 수 있었던 것이다. 아픈 몸으로 홀로 슈퍼를 지키고 계신 할머니가 부디 건강하시길 바란다.

*도암면 시내 모습과 두유로 우리의 허기를
 면해 준 할머니 슈퍼(제일슈퍼)

감격 또 감격, 첫 회 국토종주 종료

1회차, 2일째_last

* 항촌마을 보호수 앞에서 힘들어도 즐겁게 기운을 내 본다.

07. 웃지 못했던 깃대봉

기품이 느껴지는 원 항촌마을

　도암면 시내를 나와 도암천을 건너 항촌마을로 들어섰다. 다리를 건너자마자 마을 광장 같은 마당에 역사 깊은 마을 답게 거대한 보호수가 반기는 전통마을 항촌이 소담스럽게 나타난다.

　아까 시내에 들어오기 전 다산 사위 묘가 있던 동산과 평야지대, 도암면 소재지가 모두 항촌리에 속한다. 여기가 원 항촌마을이다. 마을 어귀의 너른 광장을 거대 고목이 품고 있는 정돈된 마을 모습에 왠지 모르게 안락한 품에 안긴 듯 포근하다. 기분이 절로 좋아진다.

지친 우릴 위로해 준 남도 명품길

　여기서 왼쪽으로 논 옆길을 따라가다가 남도 명품길 중 '자아의 길'로 올라가는 입구를 만났다. 다산 초당이 있는 만덕산 줄기의 깃대봉을 경유하는 산길이다.

　산길을 빼면 농로길은 거의 전부 콘크리트로 포장돼 있어 흙길을 만나기가 쉽지 않다. 처음엔 몰라도 몇십 km를 걷다 보면 발바닥과 발이 아프고, 그러다 보니 몸이 더 지친다. 그러던 중 이런 흙길을 다시 만나니 오르막이고 뭐고 우선 반갑다.

　거기에다 오늘 아침 식사 후 출발해서 지금 오후 4시까지 8시간 동안 걷기에 지치고 점심도 못 먹어 배고프다. 그래도 마지막 스퍼트를 내며 오른다. 지친 우릴 위로하듯 폭신한 부엽토와 거름이 풍부한 흙길이, 말 그대로 명품길 다운 유려한 숲길이 펼쳐진다.

* 폭신폭신한 유려한 숲길 남도 명품길

웃지 못했던 깃대봉

내리막과 오르막 사이 잔디밭이 또 유혹하는 곳에 널브러지듯 앉았다. 아니 나중엔 누워버렸다. 오늘의 마지막 휴식이다.

산길 입구에서 2km 정도 오르락내리락 산길을 가다 마지막 오르막을 오르니 드디어 마지막 고지 깃대봉(210m)이다.

반갑지만 이젠 웃을 힘도 없다. 굶고 지쳐서 다들 웃지를 못한다. 단체사진을 찍는데 힘든 표정이 역력하다.

"사진 찍을 때만이라도 웃는 얼굴, 스마일~"

웃음이 안 나오는데 웃으라는 주문이 잔인할 수 있지만, 억지로라도 웃으면 정말 행복해진다는 연구 결과도 있다. 웃으면 분명 기분전환이 된다. 주문에 따라 다들 겉으로는 무지 행복한 표정으로 웃기 성공이다. 아니, 힘든 속에 웃을 수 있어 더 행복해진 것 같다.

* 잔디밭에 앉자 저도 모르게 눕는 단원들

깃대봉 아래로 만덕산 밑의 낮은 구릉들이 섬처럼 떠있는 듯 보이고, 그 사이사이에 파묻힌 마을들이 보이고, 그 너머 강진만이 안개에 가려 신비한 듯 아스라한 전경이 펼쳐진다.

* 깃대봉에서 보이는 만덕산 밑의 구릉들과 강진만 전경이 안갯속에 신비하다.

* 지칠대로 지친 깃대봉에서 반대로 최고의 희열을 맛보다.

08. 어느 때보다 감격했던 첫회 국토종주 종료

드디어 첫회 국토종주 종료

　이젠 하산길만 남았다. 한 세 번의 오르락내리락을 반복하며 1.2km를 더 가서 드디어 마점고개로 내려섰다. 오늘의 종착지이자 국토종주 첫회의 마감이다. 오후 5시 10분을 넘기고 있다.

　마점고개의 아스팔트 길 옆으로 정자가 서 있다. 정자 하나가 마치 전장에서 지칠 대로 지쳐 돌아온 개선장군을 맞아 주는 환영장처럼 무지 반갑다. 정자에 앉아 배낭을 내리고 신발을 벗고 휴식을 취하려는 찰나 오늘 총 몇 km를 걸었는지 체크해 보니 25.6km이다.

　어제오늘을 합하니 60km에서 250m가 모자란다. 둘째 날은 서울로 올라가야 하므로 첫날에 좀 더 많이 걷는다. 다들 250m를 더 가서 60km를 채우잔다. 천근만근 무거워 떨어지지 않는 발걸음으로 발을 끌듯 포장길을 걸어 마점고개 내리막길 중간 경사진 길가 수풀에서 드디어 정말로 마감이다.

감격 또 감격

　해남 땅끝점에서 출발해 이틀 간 사람길로 60km를 걸어 강진 다산 초당 앞까지 왔다. 첫 회 국토종주의 대성공이다.

　사람길을 찾아 걷는 것은 찻길에 비해 많이 늦는 것이 사실이다. 그러나 우리가 그냥 국도를 따라 국토종주를 했다면 그 숱한 색다른 곳을 보지 못했을뿐더러 그 뜻과 의미를 새기지도 못했을 것이고 지금처럼 기억에 감동과 감흥으로 남는 것도 없었을 것이다. 수천 년 수만 년 축적된 내공으로 내 피와 살이 되어준 우리 땅의 실체를 직접 보고, 우리 국토의 소중함을 다시 한번 깊이 느꼈던 첫 회 사람길 국토종주 길이었다.

벌써 다음 회차 기대가

앞으로 우리나라의 북쪽 끝 고성까지 15회 차 이상 총 30일 이상 더 가야 하는 사람길 국토종주는 또 우리에게 어떤 새로운 것을 더 보여주고 남겨줄 것인가. 앞으로 남은 머나먼 길이 막막하기보다 기대와 설렘으로 채워지는 것은 사람길을 개척해 걷기 때문일 것이다. 매회 흥분과 감동으로 우리를 맞이할 우리의 땅 우리 국토가, 그리고 한 달 후의 다음 회차 국토종주가 벌써부터 기다려진다. 다음 달은 오늘 마친 바로 이 지점에서 다시 이어갈 것이다.

우린 한 사람씩 사람길 국토종주 현수막을 들고 사진을 찍었다. 감격이 밀려온다. 해냈어! 나와의 싸움에서 승리의 감격이고, 한국인으로서 우리 국토에 대한 사랑을 확인한 것이고, 그 사랑만큼 얻은 것이 컸던 보람의 감격이다.

단지 현수막을 들었을 뿐인데, 순간, 첫 이틀 간 해낸 일들과 고비고비들이 엔딩 스크린처럼 지나가며 무한 감격에 빠져버렸다.

* 해남 땅끝점에서 강진 다산초당 앞까지 첫 회 국토종주 성공의 감격에 젖다.

석문공원과 가우도 출렁다리

2회 차 출발 전까지

* 석문산과 사랑 구름다리(강진군 자료사진)

09. 전날 밤 목포, 그리고 강진 가는 길

전날 밤 목포의 게스트하우스

　한 달 후인 2월 15일(금요일) 오후 7시에 교대역에 다시 모였다. 다음날 국토종주 2회 차 강진 걷기 출발을 위해 강진이 아닌 목포로 향했다. 단원 중 혁이 일 때문에 같이 출발을 못해서 다음날 가장 일찍 올 수 있는 목포에서 합류해서 같이 강진으로 이동하기로 했기 때문이다. 집이 먼 세윤도 다음날 같이 합류하기로 했다.

　단원 중 재학님은 세미나가 있어 지방에 내려갔다가 목포역 건너 쪽에 '좋은집 게스트하우스'를 숙소로 예약하고 먼저 가 있다. 밤 12시경 늦게 도착하니 우리를 기다리며 1층의 거실 겸 식당에서 집주인과 얘기하고 있다가 환영해 준다.

　1층은 홀 중앙에 넉넉한 탁자를 놓은 공용 공간이다. 해남에서처럼 이곳도 의좋은 주인 부부가 같이 계시다가 주인아저씨가 계란이 없다며 이 밤에 계란을 사러 가신다. 1층 식당은 계란 토스트 커피 등을 무료로 먹을 수 있도록 구비돼 있다.

　늦은 밤이지만 목포역 앞 해장국 골목에 가서 '해남해장국' 집에서 뼈해장국을 먹었다. 백종원의 3대천왕과 생생정보에 나왔던 해장국집이라며 재학님이 미리 식당도 알아봐 놓았다. 양이 많고 담백한 맛이 특징인 것 같다.

　다시 숙소로 돌아와 1층 식당에 앉아 오손도손 얘기를 나눈 그때가 지금도 따뜻하고 정겹던 시간으로 기억된다.

강진 가는 길

다음날 일찍 아침식사가 되는 미리 알아둔 식당에서 식사를 하고 목포역으로 가서 잠시 기다리니 오늘 합류하기로 했던 혁과 세윤이 반갑게 온다. 이렇게 멤버들이 다시 모였다. 각기 다른 삶을 살던 사람들이 하나의 목표를 위해 시간을 맞추고 일정 활동영역을 공유할 수 있다는 것은 삶의 큰 기쁨이고 에너지가 된다.

강진으로 가는 차 안에서 오늘 걸을 일정과 장소, 다산의 유배생활에 대해 브리핑을 했다.

걸을 때 보이는 모든 건 그냥 사물이지만 의미가 부여되면 우리의 감흥과 영감을 이끌어낸다. 관련된 이야기를 미리 알고 기대하며 그곳에 가면 일부러 찾아보게 되고 의미가 되지만 모르면 보이지 않는다. 있는지 없는지도 상관없이 지나치게 된다. 그래서 미리 얘기하고 멤버들이 같이 공유하는 것은 참 중요하다. 목포에서 강진으로 이동하는 이 시간이 오늘 걸을 길을 함께 공유하는 소중한 시간이다.

길이 우리에게 주는 것은?

걷기할 때는 새로운 세상이 보인다. 콘크리트에 갇혀 매일 보는 죽은 사물이 아니라 살아 있는 자연과 우리의 삶이 만들고 연출하는 다양한 볼거리가 세상에 가득하다. 특히 걷기 할 때 우리가 만나는 모든 것이 소중한 이유는 막연한 이상이나 상상의 모습이 아니라 우리의 삶을 구성하고 직접 인생을 부딪히며 살아낸 희로애락이 녹아 있는 것들이기 때문이다.

그래서 이왕 같은 걷기 하는 시간을 쓰는 바엔 음악이나 항상 볼 수 있는 핸드폰을 보기보다 길에 집중하고, 길이 보여주는 무수한 변화, 자연의 몸짓, 삶의 소리, 길에 쌓인 역사의 이야기들 하나하나를 듣고 싶다. 어디서 이 같은 훌륭한 스승을 만날 수 있을까. 걸을 때 나의 눈과 오감을 활짝 열고 되도록 많이, 세심히 보면 길은 직접 현장에서 얻는 살아있는 교재가 되어 주고 나의 지각을 열어 주고 삶의 자양분이 되어 준다.

10. 석문공원과 가우도 출렁다리

석문과 석문산

1시간 20분을 달려 도착한 곳은 국토종주 출발점으로 올라가는 길목에 있는 도암석문공원이다. 국토종주 출발 전에 가까운 주변에 우리 국토를 더 볼 수 있는 두 곳을 가보기로 했다. 이 두 곳은 국토종주 거리 계산에는 포함하지 않았다.

서기산에서 내려오는 물줄기가 강진만에 유입되기 전 이곳으로 흘러 만덕산과 석문산을 뚫고 바위 협곡을 만들고 지나가는데, 이 양안의 암석 지형이 마치 돌 문이 서 있는 것 같다고 해서 이곳을 석문, 이 산을 석문산이라 불렀다. 석문은 일찍이 『해동지도』(18세기 조선의 군현지도집. 보물 제1591호)에서 처음 확인되는데 '험악하다'는 설명이 별도로 붙어 있을 만큼 옛부터 기암괴석이 알려져 있었다. 석문산(272m)은 남도의 소금강으로 불릴 만큼 금강산을 연상시키는 기암괴석으로 유명하다.

석문공원의 옛날과 지금

석문공원은 석문산의 절경을 살린 공원이다. 높이 올라갈 필요도 없이 도암천 옆 길에서도 수도 없는 기암괴석의 향연을 감상할 수 있다.

*익선관을 쓴 모습의 세종대왕 바위

그 중엔 세종대왕의 모습이 연상되는 '세종대왕 바위'도 있다.

석문산에 대해서는 『여지도서』(조선 후기 각 읍에서 편찬한 읍지를 모은 책)에 "돌산이 바닷가에 불쑥 솟아있고, 가운데는 문처럼 뚫려있으며 깨끗한 모래가 평평하게 펼쳐져 있다."고 자세히 소개돼 있다.

지금과 달리 석문산 근처에 바닷가가 있었고, 해안에 모래가 넓게 펼쳐져 있었음을 알 수 있다. 당시에도 강진만으로 흘러드는 하천의 하구에 간석지가 발달해 있는 모습이 눈에 선하다. 지금은 1900년대 초 이후부터 지속된 간척사업으로 옛날에 강진만 연안에 넓게 분포돼 있던 간석지가 거의 대부분 농지로 바뀌어 있다.

사랑 구름다리

강진군은 이 일대의 자연자원을 2016년 공원으로 꾸몄다. 끊어진 만덕산과 석문산을 잇는 구름다리는 가장 특별한 설치물이다. 원래 만덕산(412m)의 줄기인 석문산을 구름다리로 이어 서로 통할 수 있게 하고, 그 뜻을 살려 연인 부부가 이곳에서 사랑을 기원할 수 있도록 '사랑 구름다리'로 명명했다. 국내 최장(길이 111m)의 산악 현수형 출렁다리라고 한다.

* 금강산인지 만경대인지 평지에 이런 절경이, 겨울 아침 추위도 잊게 만든 석문산 기암괴석

 이 구름다리에 올라가면 석문을 제대로 감상할 수 있다. 도로에서 불과 23m 위(아파트 8층 높이)에 설치돼 있는데도 올라서니 금강산 봉우리를 잘라다 이곳에 꽂아 놓은 것인지, 설악산 만경대가 연상되기도 하고 높은 산에 가도 쉽게 볼 수 없는 기암괴석이 바로 눈 앞에 셀 수 없이 펼쳐진다. 바람이 차서 옷을 싸매고 아직 아침잠에서 덜 깬 부스스한 얼굴로 올라왔다가 펼쳐진 비경에 저도 모르게 갑자기 생기가 돌고 추운 것도 잊었다. 서울 근교라면 줄을 서더라도 다리 위에 한번 올라가기가 힘들 것 같다.

가우도 출렁다리

 석문공원을 나와 강진만으로 향한다. 7km 거리에 있는 강진의 또 하나의 명물 가우도 출렁다리에 도착했다. 이름대로 출렁다리인 줄 알고 가보면 아닌 것을 알고 의아해하는 다리이다. 원래는 출렁다리로 설치하려다

* 출렁다리 중간의 강진만 푸른 바다 한복판에서 아침 햇살과 바닷바람을 느껴 본다.

강진만의 바닷바람(강진만 바닷바람은 뒤에 원없이 맛본다.)과 파도가 세서 튼튼한 인도교로 건설됐지만 지금도 원래 계획했던 출렁다리로 불리고 있다. 웬만한 한강 다리보다 긴(1.2km) 인도교다.

시간이 많지 않아 다리 중간까지 걸어갔다. 바다 위를 걷는 특별한 체험이다. 아침 햇빛을 받아 반짝이는 푸른 바다와 강진만 양안의 뭍까지 한눈에 보이는 그야말로 한 폭의 그림 같은 풍경이 펼쳐진다. 다리 복판으로 불고 있는 바닷바람마저 살가운 친구처럼 느껴진다. 힐링 힐링이다.

서러움 많았던 가우도 사람들

이 다리가 잇고 있는 가우도(면적 0.32㎢ : 약 9만 7,000평)는 서러운 역사를 갖고 있다. 가우도는 강진만의 4개 섬(간척 전엔 10개) 중 유일한 유인도로 조선 초기부터 고 씨들이 거주했다. 수백 년 역사를 가졌음에도 육

지의 '도암면 망호리'에 예속되어 이 섬사람들은 서자 취급을 받으며 많은 서러움을 겪어야만 했다. 어촌회의나 반상회를 하려면 배를 타고 뭍으로 나가야 했다. 가우도 주민들의 지속적인 분리 건의로 2005년에야 '가우리'라는 제 주소를 가진 독립된 행정 마을이 되었다.

이후 2007년 마을 주민들에게 출렁다리 계획이 전해진다. "가우도 입도조 이후 천지가 개벽하는 가장 큰 경사"라고 주민들이 좋아했다고 한다.

지금은 출렁다리와 연계된 섬을 한바퀴 도는 해안산책로, 짚트랙, 요트 등 해양레저 시설을 갖춘 강진의 최대 관광명소로 상전벽해를 이뤄놓고 있다. 있는지 없는지도 모르던 소외받던 섬이 강진의 대표 명소로 탈바꿈된 것이다.

우리 인생에서도 누구에게든 이런 기적이 일어난다. 자기 자리에서 최선을 다하는 것이 언제 올지 모르는 기적을 준비하는 가장 확실한 방법이다.

벌써 오전 9시 40분을 가리키고 있다. 빨리 출발지로 가야 한다. 서둘러 한 달 전 첫회 국토종주 종료의 감격이 머물렀던 곳으로 향한다.

* 가우도 출렁다리 뒤로 가우도가 보인다.

다산초당을 향해

2회 차 3일째_1st

11. 다산초당을 향해

깃발 처음 달고 3일 차 출발

 한 달 전 바로 그곳이다. 설레고 반갑다. 우리의 기억을 한 달 전으로 돌려주고 있다. 한 달을 쑥 건너뛰어 2월 16일(토요일) 오전 10시, 이제 2회 3일 차 시작이다.

 오늘부터 처음으로 각자의 배낭에 '사람길 국토종주' 깃발을 달았다. 가면서 길 요소에 사람길 국토종주 길을 표시하는 리본도 단다. '사람길'을 표시할 리본을 다는 일은 혁과 용주가 맡았다.

* 2회 차부터 처음 깃발을 달고 출발. 간혹 찻길을 걸어야 할 땐 최가장자리로 일렬로 서서 걷는다.

만덕산 밑 옹기종기 마을들

 찻길이라 일렬로 서서 언덕을 내려가노라니 만덕산 기슭의 마을들이 아침 안개에 싸여 있다. 만덕리의 마점마을, 보동마을, 귤동마을이 산자락에 옹기종기 모여 있는 모습이 어려서 크리스마스 카드나 연하장에서 많이 보던 고즈넉한 시골 풍경을 닮아 있다. 특히 귤동마을은 다산이 초당으로 거처를 옮기고 다산학을 집대성하는데 큰 역할을 한 마을이다.

보동공원에서 그 마을들 쪽으로 좌측으로 꺾어 언덕을 오르니 '남도유배길' 다산초당 안내판이 설치된 넓은 주차장이 나오고 그 바로 앞으로 거대 건물 공사가 한창이다. 2021년 3월 완공 예정인 전남공무원교육원 건설현장이다. 양해를 얻고 공사장을 통과해 뒷길로 다산초당 입구 쪽으로 가니 다산명가 찻집과 식당이 있는 4거리가 나온다. 아래로 다산 박물관 가는 길이 있고 반대편 위로는 다산초당으로 올라가는 길이다.

'애민' 일념 다산 정약용

아! 드디어 다산초당으로 간다. 아니, 다산을 만나러 간다. 쿵당쿵당 설렌다.

조선왕조의 지주로서 유학(성리학)이 이기론을 중심으로 중국에서도 찾아볼 수 없을 만큼 심오한 철학적 체계를 세웠으나 형이상학을 강조하는 성리학의 특성상 점차 명분과 관념에 치중한 측면이 있게 되었다. 조선 후기에 한국 성리학의 이론적 경향에 비판적 시각이 대두되면서 사회·경제·정치에 실질적 학문을 꾀하게 되었는데, 바로 실사구시를 강조한 실학이다.

다산 정약용(1762~1836)은 한국 실학의 정점에 있는 사람이다. 그는 시대가 무엇을 원하는지를 꿰뚫어 보았다. '개혁군주' 정조와 함께 배다리를 만들고, 수원성을 축조하며 실학을 꽃피웠던 한국 최대의 실학자이자 위대한 개혁가이다. 자기 시대의 문제점을 정확히 파악하고 그에 대한 개혁 방향을 제시했다. 『경세유표』·『목민심서』·『흠흠신서』 등 경세를 위한 구체적인 실천 방안 속에 백성을 구제하려는 애민정신이 절절이 배어 있는 그의 사상은 지금도 우리에게 너무나 큰 울림으로 다가온다.

다산은 목민심서 끝에 이렇게 말한다.

"심서心書라 한 것은 무슨 까닭인가? 백성을 다스릴 마음은 있지만 (유배지에 있는 몸으로) 몸소 실행할 수가 없기 때문에 이렇게 이름 지은 것이다."

마음을 다해 백성을 사랑하는 심정이 단 네 글자의 책 제목에까지 담겼을 만큼 그의 정신은 오직 한 방향, '애민'을 향해 있었다.

다산의 가족

다산이 강진으로 유배 올 때의 나이는 마흔, 부인 홍씨는 마흔 하나, 두 아들 학연과 학유는 열여덟과 열다섯, 막내딸은 이제 여덟 살이었다. 고달픈 귀양살이의 시작이었던 유배는 다산에게뿐 아니라 한양에 남은 가족에게도 기나긴 고난의 시작이었다.

다산의 가난은 그 내력이 짧지 않다. 28세에 문과에 급제한 후 예문관검열, 병조참지·형조참의 등을 지내며 정조의 특별한 총애를 받았지만 청렴한 삶으로 늘 살림이 어려웠다. 성균관에서 공부할 때는 여종이 이웃집 호박을 훔쳐다가 죽을 쑤어 끼니를 해결했고, 벼슬할 때도 책을 팔아 생계를 이을 정도였다. 호박을 훔친 여종은 홍씨 부인에게 회초리를 맞았고, 다산은 이 상황을 민망히 여기며 그때의 심정을 시로 읊었다.

이처럼 다산이 있을 때도 살림이 어려웠는데, 가장이 죄인의 몸이 되어 천 리 밖 강진으로 귀양을 갔으니 남은 가족의 고생이야 말해 뭐 할까. 생계를 책임져야 할 홍씨 부인은 가재도구를 처분하고 양잠을 했다. 두 아들은 농사를 배웠다. 다산의 귀양살이 만 4년 만에 큰아들 학연이 아버지를 찾아올 수 있었던 것도 수확한 마늘을 팔아서였다. 가족의 사랑과 부자의 정은 천리길도, 유배생활도 떼어 놓을 수 없을 만큼 극진했다.

위대한 역사의 산실 다산초당

다산은 강진에서의 장장 18년 유배 생활 중에 이곳 다산초당에서 해배될 때까지 10년을 살았다. 다산학단이라 불리는 18명의 제자를 길러냈고, 제자들이 주축이 된 집체 저술의 결과로서 다산의 저서 500여 권을 집대성한 곳이다. 다산초당은 조선 시대 학술사에서 가장 활기찬 학문의 현장이었고, 다산을 다산이게 한 위대한 역사의 산실이자 세상이 바뀌는 긴 기간 다산의 마음을 달래준 공간이었다.

다산초당은 본래 아래 귤동마을에 터를 잡고 살던 해남 윤씨 어초은파 집안인 귤림 처사 윤단의 산정이었다. 어초은파 고산 윤선도의 증손이 조선시대 3재의 한 분으로 꼽히던 공재 윤두서이고 그의 손녀가 다산의 어머니이다. 귤동마을 해남 윤씨들은 정약용에게 외가 쪽으로 먼 일가 뻘인 셈이다. 강진 항촌에는 친구이자 사둔인 해남 윤씨 항촌파 일가가, 가까이 귤동에는 먼 외가 뻘인 해남 윤씨 어초은파 일가가 살았으니 이곳에 유배 온 다산에게는 행운이었다.

1808년 봄, 다산이 윤단의 산정에 놀러갔는데 아늑하고 조용하며 경치가 아름다운 이곳은 지난 8년간 전전하던 주막이나 절집과는 비할 바가 아니었다. 해남 윤씨의 후손들을 가르치기 위해 1천여 권의 장서를 갖춘 도서관이기도 했다. 더구나 지적 백련사에 벗 혜장이 있었고, 주변은 차나무로 가득했다. 다산은 시를 지어 머물고 싶은 마음을 전했고 윤씨 집안은 이를 흔쾌히 허락했다. 이곳에서 다산은 마음의 안정을 찾고 후진 양성과 학문에 몰두할 수 있었다. 윤씨 집안의 산정은 다산초당으로 거듭났고 정약용은 스스로를 다산초부라 칭하게 되었다.

  정약용은 다산초당을 거처로 얻고 무척이나 기뻤다. 바위에 손수 글자를 새기고, 우물을 파고, 연못도 꾸몄다. 초당을 방문하는 손님을 대접하기 위해 초당 앞 너른 바위 위에서 솔방울로 차를 달이기도 했다.

  이것이 다산의 10년 체취가 서린 '다산 4경'이다. '다산 4경' 즉, 바위에 손수 새긴 암각 글자 '정석丁石', 차를 끓이던 약수인 '약천', 연못 가운데 조그만 산처럼 쌓아놓은 '연지석가산', 차를 끓였던 반석인 차 부뚜막 '다조'에는 다산이 유배지에서 찾아낸 소소한 기쁨이 서려 있다. 다산초당에 가면 꼭 눈여겨봐야 할 유산이다.

뿌리의 길

  드디어 다산초당으로 오른다. 앗! 갑자기 눈발이 흩날리기 시작한다. 이 무슨 상서로움인가.

* 다산초당으로 오르는 초입의 뿌리의 길

다산초당으로 올라가는 길, 짙게 우거진 숲길에 소나무 뿌리가 지상으로 핏줄처럼 드러나 있다. 그 유명한 '뿌리의 길'을 걷고 보는 기쁨에 눈발까지 날리니 특별한 행복감에 젖는다.

정호승 시인의 〈뿌리의 길〉 시가 다산초당에 오르는 길목에 서 있다. 시인은 다산초당으로 올라가는 산길에 소나무의 뿌리를 무심코 밟고 가다 깨닫는다. '지하에 있는 뿌리가/더러는 슬픔 가운데 눈물을 달고/지상으로 힘껏 뿌리를 뻗는다는 것을'. 그것은 치유를 향한 지상과의 조우였다.

'지상의 바람과 햇볕이 간혹/어머니처럼 다정하게 치맛자락을 거머쥐고/뿌리의 눈물을 훔쳐준다는 것을 그래서 자신도 산을 움켜쥐고/지상의 뿌리가 가야 할/길이 되어 눕노라'라고 말한다.

굴곡진 다산의 생애와 나무의 강인한 생명 의지가 오버랩된다. 그래, 생명과 굴곡은 뗄 수 없는 단 하나의 삶이다. 다만 치유가 있을 뿐이다.

* 설렘 가득 안고 다산초당으로 오른다.

다산의 마음 머문 곳, 다산초당

2회 차, 3일째_2nd

※ 다산이 연못을 넓히고 가운데 봉을 쌓은 '연지석가산'

12. 다산의 마음 머문 곳, 다산초당

다산학의 산실

뿌리의 길 끝에 다산초당에 도착하면 가장 먼저 보이는 집이 서암이다. 윤단의 아들과 손자들을 비롯 다산의 제자들이 머물면서 수업 자료를 준비하고, 스승의 말씀을 정리하고 토론을 펼치기도 한 공부방이자 제자들의 숙소였다.

그 다음으로 중앙에 터에 비해 크다 싶은 정면 5칸 측면 2칸의 팔작지붕 기와집 '초당'이 있다. 지금은 다산의 초상화가 근엄한 모습으로 자리한 초당은 제자들을 가르치는 교실이었다.

* 다산초당에 도착하니 왼쪽에 서암이 가장 먼저 맞아준다.

* 제자들을 가르쳤던 초당에는 다산 초상화가 자리해 있다.

그 좌측에 사각의 연못을 지나 언덕 끝쪽에 동암이 보인다. 다산이 2천여 권의 책을 갖추고 기거하며 손님을 맞았던 거처이다. 다산은 "천여 권의 책을 쌓아 놓고 스스로 즐겼다."고 할 만큼 거의 대부분의 시간을 이곳에서 집필에 몰두했다.

원래는 초당 하나뿐이었는데 다산이 온 후 초당의 좌우에 동암과 서암을 지은 것이다. 이로써 다산초당은 후학을 가르치고 집필을 하고 제자들과 함께 책을 엮으며 다산학을 집대성하는 산실이 되었다.

복원된 초당과 추사의 친필 현판

원래 이 집들은 모두 '초당'이라는 이름대로 목조 초가였다. 1936년에 노후로 인해 붕괴돼 폐허가 되었던 것을 1957년에 다산유적보존회가 그 자리에 '초당'을 복원했고 1974년에 동암과 서암을 복원했다. 그런데 초당을 복원할 때 다산을 존경하고 사모하는 마음이 지나친 나머지 초가를 큰 기와집으로 복원한 것이다.

* 동암에 추사 김정희의 친필 '보정산방' 현판과 다산의 글자를 집자한 '다산동암' 현판이 나란히 걸려 있다.

초당에 걸린 '다산초당' 현판이 눈에 띈다. 김정희의 추사체 현판이다. 추사 김정희가 직접 쓴 것은 아니고 추사의 글씨를 집자해서 모각한 것이다. 그러나 옆에 동암에 걸린 '보정산방寶丁山房'(정약용을 보배롭게 모시는 산방) 현판은 추사가 다산을 위해 일부러 쓴 친필이다. 김정희는 정약용보다 24년 연하였지만 평소 정약용을 몹시 존경했다. 동암에는 다산의 글씨를 집자한 '다산동암'이라는 현판도 함께 걸려 있다.

다산의 마음 머문 곳

다산의 10년의 마음이 머문 곳을 단 십 몇 분만에 보고 떠나야 한다. 아쉬움에 초당 마루에 앉아 다산의 눈길이 머물렀을 곳들을 바라보며 이런저런 감회에 젖어 본다.

그분이 차를 달이던 앞마당의 반석 '다조'와 직접 바닷가의 돌을 주워다가 쌓은 연못 안 돌섬 '연지석가산'이 지금도 다산을 그리워하듯 변함없는 모습으로 그 자리에 있다. 그래, 이 자리에서 언제까지나 그분을 추억하는 증거가 되어 다오.

다산초당의 멋스러움을 더하는 연못은 한국 전통 연못의 모양을 하고 있다. 우리

* 초당 마루에 앉아 다산의 시선이 되어 본다.

* 초당 바로 앞에 '다조'

나라의 연못 조경은 '천원지방' 즉 "하늘은 둥글고 땅은 네모짐"의 사상을 담아 사각 형태의 못 가운데에 둥근 섬을 만들었다. 다산은 원래 있던 연못을 크게 넓히고 연못 한가운데 조그만 봉을 쌓아 석가산이라 했다. 연못에는 잉어도 키웠는데 유배에서 풀려난 후 다산은 제자들에게 보낸 서신에서 잉어의 안부를 물었다고 한다.

어디 꼭 이들 다산 4경에만 다산의 체취가 배었겠는가. 동암을 지나 고

*다산이 바다를 바라보던 자리에 세워진 천일각, 강진만이 내려다 보인다.

개를 돌아가니 다산이 공부하다가 쉬며 강진만을 바라보던 전망이 툭 트인 언덕이 나온다. 그가 틈틈이 올라 바람을 쐬거나 흑산도로 귀양 가 있던 둘째 형 정약전을 그리며 먼바다를 내다보던 곳이다. 그 자리에 1975년 강진군에서 정자 천일각을 세워 다산의 마음을 기리고 있다.

다산의 형 정약전은 다산과 함께 천주교 신자로 몰려 흑산도 유배를 떠난 뒤 16년의 유배생활 끝에 그곳에서 병들어 생을 마감하였다. 다시 만나지 못한 형제의 모습을 다산은 이곳에 앉아 남도의 바다를 바라보며 그리워하였을 것이다.

한국인은 신분지위고하를 막론하고 원하지 않는 고난을 숱하게 겪고 참고 견디며 살아온 한恨의 민족이었다. 다산은 자신에게 다가온 최악의 숙명을 최고의 학문적 결실로 극복하고 승화시켰다. 정약전 또한 유배생활 중 남도의 어류를 분석한 『자산어보』를 저술하여 실사구시의 학문을 삶으로 실현하였다. 어둠 속 한줄기 섬광처럼 빛나는 옛 선현들의 모습이다.

이곳에서 내려다보이는 구강포 앞바다나 죽도, 건너편 칠량 땅의 모습이 모두 그의 눈길이 닿던 곳이다. 지금은 간척사업 때문에 바다 풍경이 예전처럼 시원스럽지 못하다.

천일각을 지나면 백련사로 가는 만덕산 오솔길이다. 다산 오솔길로 더 많이 불린다. 다산초당과 백련사를 잇는 800m의 이 길은 워낙 유명해 이미 저만치 마음이 달려가고 있다.

* 천일각 옆으로 난 언덕길을 올라 다산 오솔길로 접어든다.

세기의 우정 새겨진 만덕산 오솔길

2회 차, 3일째_3rd

*다산초당과 백련사를 직접 이어주는 만덕산 오솔길

13. 세기의 우정 새겨진 만덕산 오솔길

만덕산 오솔길

　백련사로 가는 이 길은 다산의 유배생활 동안 벗이었던 혜장선사와 다산을 이어주던 통로였다. 두 사람은 다산초당과 백련사를 직선길로 이어주던 이 길이 닳고 닳도록 오갔다.

　혜장이 비 내리는 깊은 밤에 기약도 없이 다산을 찾아오곤 해서 다산은 밤 깊도록 문을 열어두었다.

　　삼경에 비가 내려 나뭇잎 때리더니
　　숲을 뚫고 횃불이 하나 왔다오
　　혜장과는 참으로 연분이 있는지
　　절간 문을 밤 깊도록 열어 놓았다네

　다산도 하루 종일 정담을 나누고 밤늦게 돌아오고 나서도 또 다시 가서 보고 싶을 정도였다고 한다. 이 일화는 둘의 친한 정도가 어느 정도였는지를 알게 한다.

혜장선사와의 만남

　다산이 강진에 유배 온 지 4년 후인 1805년 봄에 혜장선사가 해남 대둔사에서 이곳 강진 백련사로 오게 된다. 당대 최고 학승으로, 불교 경전뿐만 아니라 유학에도 조예가 깊던 혜장은 다산을 몹시 만나고 싶어 했다.

이 얘길 들은 다산은 자신의 신분을 감추고 혜장을 만나러 간다. 혜장을 만난 다산은 이런저런 얘기를 나누고 돌아오게 되는데, 뒤늦게 다산을 알아본 혜장은 부리나케 다산을 쫓아 가 손을 잡아끌었다.

"소승은 밤낮으로 사모하였는데, 어찌 차마 이같이 하시오."

그 길로 백련사로 다시 온 두 사람은 함께 묵으며 '주역'을 두고 밤이 새도록 이야기를 나눴다. 다산은 혜장에게 "과연 숙유로다."라며 놀랐고, 혜장은 다산의 학문적 깊이에 감복하게 된다.

이후 다산과 혜장선사는 가장 절친한 벗이 된다.

* 만덕산 오솔길에 다산과 혜장이 같이 걷는 모습과 두 사람의 우정에 대해 설명한 안내판이 세워져 있다.

호젓한 백년의 길

만덕산 오솔길은 다산과 혜장선사의 세기적 우정을 상징하고 있다. 친구를 보러 가던 기쁨과 두 사람의 숱한 이야기들이 흙 한줌 돌 마디마다 새겨 있다.(《부록1》 길에 얽힌 못다 한 역사 이야기: P337, 1. 만덕산 오솔길 이야기. 참조)

사뿐사뿐 다산을 만날 새라 한 걸음 한 걸음 이 호젓한 백 년의 길을 밟는다.

길에 들어서는 순간 마음이 화사해진다. 두 현자의 이곳에 닿은 마음만큼, 길에 뿌려졌을 사색만큼 길이 따뜻하고 수려하다.

"길은 이래야 하는 거야!"

고개를 넘어 길로 들어서자 단원인 정주 님도 자신의 방식으로 감탄사를 낸다. 그만큼 길은 특별한 아름다움을 갖고 있다.

피안의 이상경을 그리며

2회 차, 3일째_4th

*바다 풍경과 어우러진 백련사 차밭

14. 한국적 정감과 한의 미학, 동백꽃

백련사 차 밭과 천연기념물 동백 숲

　그 길을 마냥 들떠서 걷노라니 오른쪽으로 소담한 야생 차밭이 나온다. 혜장선사가 다산을 위해 차를 만들던 그 차밭이다. 곧 백 년이 흘렀건만 중간중간 보이는 아름다운 바다 풍경과 함께 지금도 숨 막힐 듯 아름답고, 한겨울 추위에도 찻잎은 갓 피어난 새색시 볼처럼 싱그럽고 푸르르기만 하다.

　그 바로 옆으로는 백련사 입구 길가와 산기슭을 감싸고 동백나무 숲이

＊오솔길 끝에 야생 차밭을 만나다.

펼쳐진다. 이 백련사 동백숲은 고려시대부터 이름난 명물로 천연기념물 151호로 지정되어 보호받고 있다. 2월이라 아직 동백꽃이 수줍은 듯 피어날 때를 기다리며 꽃잎을 움켜 쥐고 있다.

풋풋한 동백꽃 사랑

산기슭으로 난 동백 숲 사이 길로 잠시 들어서서 소설 속에라도 들어간 듯 저마다 풋풋한 동백꽃 소년소녀가 되어본다.

"점순이는 나를 끌어안고 알싸한 동백꽃 향기 속으로 누워버리는 것이었다. 알싸한 그리고 향긋한 그 냄새에 나는 땅이 꺼지는 듯이 온 정신이 그만 아찔하였다."

춘천이 낳은 걸출한 소설가 김유정은 동백꽃이 활짝 핀 농촌마을을 배경으로 자연스럽게 싹트는 10대 남녀의 순박한 사랑을 『동백꽃』 소설에서 그려놓았다.

절대적 위안이 되기 위해

떨어진 동백꽃이 빨간 융단처럼 땅에 깔려, 낙화로도 가장 아름다운 풍경을 연출하는 곳이 바로 이곳 백련사 동백숲이다. 3월 중·하순경이 되면 땅에서도 활짝 핀 동백 꽃물결을 볼 수 있다.

동백꽃은 나무에서 화사하게 피지만, 꽃봉오리째 떨어져 땅 위에서 다시 한 번 핀다. 이미자의 〈동백아가씨〉의 노랫말처럼 그리움에 지쳐서 울다 지쳐서 빨갛게 멍이 든 동백꽃이다. 나무에서, 그리고 땅에 떨어져서도 한결같이 아름다움을 잃지 않으려는 동백꽃을 보노라면, 그 처절한 아름다움이 어느새 내 마음 속에서도 꽃을 피우고야 만다. 이렇게 동백꽃은 세 번의 꽃을 피운다.

죽어서도 피는 꽃 동백꽃은 '누구보다도 그대를 사랑한다'는 꽃말 그대로 변하지 않는 모습으로 사랑을 지켜내려는 사랑하는 사람의 마음이다. 동백꽃 전설은 사랑하는 사람을 기다리다 못해 죽어서 동백꽃을 피우는 사랑 이야기를 담고 있다.

그래서 더 애절하고 더 아름답다. 아픔을 삼킨 아름다움이기에 삶의 위안이 되기에 충분하다.

'홋시집간 순아누님이/매양 보며 울던 꽃/눈 녹은 양지쪽에 피어/집에 온 누님을 울리던 꽃'이라고 이수복 시인은 〈동백꽃〉 시에서 읊었다.

동백꽃은 힘든 우리네 삶의 모습과 극명히 대비될 만큼 빼어난 아름다움을 가졌지만, 실은 아픔을 삼키고 힘든 삶으로만 응집해 낼 수 있는 진정한 아름다움이다. 그래서 더욱 그 아름다움은 힘든 우리네 삶의 절대적 위안이 된다. 동백꽃엔 한국적 정감과 한(恨)의 미학이 담겨 있다.

* 망울져있는 동백꽃

* 백련사 동백 숲

15. 피안의 이상경을 그리며

숱한 풍파 이겨낸 백련사의 위엄

　백련사로 들어가는 문인 양 빽빽한 숲 터널을 통과하면 높은 성벽 위에 천년고찰 백련사(839년, 통일신라 때 무염선사 창건)가 속세를 떠난 피안의 이상경 같은 모습을 드러낸다.

　분명 성벽이다. 고려 말 강진 지방이 세 차례의 왜구 침입을 받아 백련사도 폐허화된 일이 있다. 강진과 남해안 일대는 고려청자와 곡창지대로 왜구들이 약탈을 목적으로 자주 출몰해 많은 피해를 입었다. 조선조에 들어 효령대군의 지원을 받아 절을 복구할 때, 천태종의 종장 행호선사는 왜구에게 당했던 옛 일을 거울 삼아 절을 둘러 긴 토성을 쌓았다. 지금은 단단한 석축으로 바뀌어 성에 둘러싸여 있는 듯한 특이한 모습이다.

　석축 사이의 계단을 오르니 육화당(식당과 객실 건물) 옆으로 육중한 만경루가 위엄있게 서 있고, 그 앞 150년생 배롱나무가 소담하다. 여름에 왔으면 붉게 핀 황홀한 백일홍을 볼 수 있을 텐데 하는 아쉬움이 생긴다.

　만경루 밑을 통과해 백련사 뜰로 올라서니 축대 위에 올려 세워진 대웅전이 모습을 드러낸다. 원교체의 정수를 맛보게 하는 이광사의 '대웅보전' 편액이 수백 년 세월에 빛바랬음에도 가장 먼저 눈에 띄게 빛이 난다.

　이 대웅보전 편액은 이광사의 인생역경이 가장 잘 드러난 글씨로 평가받는다. 종신유배형을 받은 이광사는 함경도 부령으로 유배됐다가 전남 진도를 거쳐 말년 대부분을 여기서 가까운 신지도로 이배돼 귀양살이를 했다. 총 23년을 귀양살이하다 숨진 이광사의 우울하고 불편한 심기와 울분이

*백련사 앞의 우람한 석축이 가장 먼저 맞이한다.

*만경루와 앞의 150년생 배롱나무

날카로이 삐치고 비틀어 쓴 글씨에 고스란히 담겨있다.

소박함 속에 담긴 정신

백련사는 여느 유명 사찰과 달리 소박하다. 연중 수많은 불자와 여행자들이 들락거리는 절이지만 가꾼 흔적은 없고, 빛바랜 건축물 몇 동과 스님들의 땀이 깃든 텃밭, 돌계단들이 전부이다. 그러나 백련사를 백련사이게 한 것은 겉모습이 아니라 이상을 실천한 '정신'이다.

* 높은 축대 위에 세워진 대웅전은 정면에 계단이 없고 옆으로 빙 돌아서 법당에 출입하도록 되어 있다. 이육사의 대웅보전 글자가 눈길을 끈다.

고려 무신정변 이후의 사회변혁기에 귀족불교에 대한 반성으로 불자의 각성과 실천 불교의 기치를 든 것이 결사 운동이었다.

백련사는 고려 후기 불교 수행결사의 양 갈래를 이루었던 송광사의 수선사(정혜결사)와 함께 백련결사로 이름을 날렸던 사찰이다. 그런데, 지눌(보조국사)의 수선사가 어느 정도 높은 수준(根機)을 가진 중생을 교화의 대상으로 했다면, 백련사는 '근기가 낮고 업장이 두꺼워서 자력으로는 도저히 해탈할 수 없는 범부'를 교화의 대상으로 하여 좀더 대중적인 면이 강했다. 백련사의 격없이 무애無碍한 소박한 모습도 그래서 나오는 것이다.

요세의 중창 이후 120여 년 동안 백련사는 백련결사의 중심으로 번창하

* 숲 속에 고요한 백련사(강진군청 자료 사진)

면서 고려의 여덟 국사를 배출했다.

  이후 왜구의 침입으로 폐허화되어 여러 번 중수를 거치다가 왕위를 동생 세종에게 양보한 효령대군이 전국을 유람하면서 이 백련사에 들어 8년 동안 기거한 1430년부터 대대적인 불사 작업이 시작돼 지금의 형태를 갖추었다.

  영조 때(1760) 화재로 대부분 소실되기도 했으나 중창돼 오늘의 백련사에 이르고 있다.

빼어난 주변 환경과 '만경설화'

  『동국여지승람』에 '남쪽 바다에 임해 있고 골짜기 가득히 송백이 울창하

*만경루에서 보이는 강진 앞바다

여 동백 또한 곁들여서 수목이 싱싱하게 푸른 모습이 사계절을 통해 한결같은 절경'이라고 했을 만큼 주위 경관이 아름다운 것도 백련사의 자랑이다. 만덕산의 품에 안긴 듯 산자락이 에워싸고, 다산과 혜장선사의 숱한 이야기를 담아 두었을 만경루에선 산자락 사이로 뽀얀 하늘빛 바다가 머물고 있다.

백련사는 다산과 혜장선사의 인연이 깊은 차도 빼놓을 수 없다. 그 전통대로 스님들이 만든 각종 차를 경내 다실에서 맛볼 수 있는 '만경설화'는 백련사에서만 느낄 수 있는 풍미이다. 매달 첫 번째 월요일엔 차 강좌가, 셋째 주 월요일엔 '행다' 시연도 열린다. 종무소에 신청하면 참여할 수 있다.

백련사를 나와 절 앞길로 내려서니 동백나무가 마지막 배웅을 하고 푸른 비자나무와 후박나무 숲이 키 큰 터널을 이루고 이어 맞아준다. 마음을 편안하고 유쾌하게 만들어 주는 백련사 앞 멋진 숲길이다. 숲을 내려선 앞 주차장에선 발아래 바다가 한층 가깝다.

이제는 백련사와 그 옆 다산초당의 꿈과 작별해야 할 시간이다.

*동백꽃의 마지막 배웅을 받으며

*백련사 앞 일품 비자나무 후박나무 숲 터널

매섭던 강진만 바람길

2회 차, 3일째_5th

*강진만이 끝나는 탐진강 하구까지 곧게 뻗은 3km의 둑방길

16. 매섭던 강진만 바람길

강진만에서 맛본 강풍

 더 내려가다 신평마을에서 좌측으로 돌아 다산로를 따라 북쪽으로 채 2km가 안되게 걸으니 강진만이다. 이곳부터 강진만을 끼고 탐진강 하구까지 3km가량 곧게 뻗은 둑방길(사람과 자전거 길)이 펼쳐져 있다.

 날씨가 점점 추워지긴 했지만 둑방길에 들어서기 전까지는 몰랐다. 바다가 강을 만나기 위해 좁아지는 이 둑방길에 남도에 부는 모든 바람이 몰려 있었나 보다. 날아갈 듯 세찬 바람이 걷기조차 힘들게 몰아친다. 2월 겨울 강진 바다의 매섭고 찬 바람이 살 속을 후벼 판다.

 그 속에서도 굿굿이 혁이와 용주는 임무인 리본을 단다. 둑방길 왼쪽의 간척지 논에선 이런 바람과 추위에도 농부들이 트랙터로 밭 갈기를 하고 있다.

*둑방길 옆으로 너른 생태 갯벌이 펼쳐지는 강진만 북단

식량 자급의 파수꾼

비가 오나 눈이 오나 추우나 더우나 이분들이 묵묵히 우리의 땅을 먹거리 생산지로 일구므로 우리가 살고 있다는 것을 새삼 느낀다.

우리나라의 식량 자급률은 매년 낮아져 2019년 45.8%까지 떨어졌다. 온난화, 기상이변, 전염병 등으로 세계적인 식량 생산량 감소가 계속되어 각국이 식량 수출을 제한할 경우 우리나라는 빈사 상태에 이를 수 있는 심각한 상태이다. 대책이 시급하다.

다행히 서류(고구마 등 땅속 식용) 작물과 쌀은 자급자족이 가능하다. 그러나 이들을 빼면 식량 자급률은 20% 대에 불과하다. 쌀도 계속되는 개발로 인한 농경지 축소로 2016년 104.7%이던 자급률이 2019년 92.1%로 최저로 떨어졌다. 그래서 간척으로 농토를 만들어 곡물을 생산하고, 바람 세찬 주말에도 열심히 일하고 계신 저분들이 더 고맙다. 밤낮으로 주말도 없이 묵묵히 자기 책임을 다하는 농부들의 값진 수고의 고마움을 1월의 추운 칼바람이 새삼 더 느끼게 만들어 준다.

세찬 바람 속 점심

중간쯤 가니 두 면을 현수막으로 단도리한 원두막이 나타난다. 이곳이 하도 바람이 세다 보니 바람막이로 일부러 이렇게 막아 놓은 듯 단단히 감겨 있다. 얇은 현수막이 이렇게 고마울 수가. 이곳이 우리의 점심 식당이다.

지난번 1차 때 혹독한 경험을 한 탓에 모두 잘 식지 않는 질 좋은 온수병과 비상식량은 필수품이 되었다. 단원들이 따뜻한 물과 비상식량을 풀어

* 현수막으로 두 면을 막은 것뿐인데 신기하게도 세찬 바람을 피해 점심 식사를 할 수 있었다.

단출하지만 풍성한 식단을 만들었다.

바람이 세차게 부는 추위 속에서도 왜 이리 점심이 꿀맛일까. 이 즐거움이 진정 살아 있는 증거이고 내 몸을 움직여 걷기를 하므로 얻는 행복이다. 바람 세찬 2월 강진만의 둑방길 점심은 지금 잊을 수 없는 추억이 되었다.

갈대 앞 마을

둑방길이 끝나는 곳에 강진만으로 흘러드는 강진천이 나타나고, 강진만 쪽 강 하구로 갈대군락이 끝없이 펼쳐진다. 둑방길이 끝나면서 그렇게 세차던 둑방길의 바람도 거짓말처럼 잦아들었다.

강진천을 건너는 인도교 옆에 '강진만 생태공원' 안내판 앞에서 걸음을 멈추었다. 이 밑으로 갈대숲으로 들어서는 생태탐방로 데크길이 시작된다.

그 앞 강진천 건너편으론 아름다운 갈대밭이 에워싸고 있는 남포마을이 평화롭기 그지없다. 평화롭게만 보이는 이 남포마을에 그 옛날 자신의 생식기를 스스로 자른 가장이 있었다.

* 강진만 생태공원 앞에 도착했다. 옆의 다리 건너편이 남포마을이다.

17. 강인한 민초의 유산

조선 후기 서민의 힘든 삶과 '애절양'

　당시 군적에 오른 사람은 병역을 대신하여 군포를 내게 되는데, 관리들이 세금을 많이 거둬들이기 위해, 이미 죽은 사람이나 갓난아이까지 군적에 올려 세금을 가혹하게 거둬들였다. 아직 이름도 짓지 않은 갓난아이의 군포세로 집에 하나밖에 없는 황소를 가져가자 아이의 아버지는 "내가 이것 때문에 이러한 곤액을 받는다."면서 아이를 낳지 않겠다고 자신의 생식기를 잘랐다. 그것에 아내는 목 놓아 울다 울다 못해 피가 뚝뚝 떨어지는 양근을 들고 관청에 달려가 하소연하려 했으나 문지기가 막아 버렸다.

　다산 정약용은『목민심서』'첨정'에 그 사건 내용을 소상히 밝히고,『다산시문집』권 4에 실린 '애절양'이란 한시에서 자신의 슬픔과 조선 후기의 부패한 사회의 구조적 부조리에 기인하는 참담한 정경을 표현했다. '애절양'의 일부만 소개(번역본)하면 이렇다.

　　갈밭마을 젊은 아낙 통곡소리 그칠 줄 모르고
　　관청 문을 향해 울부짖다 하늘 보고 호소하네
　　…
　　시아비 상복 막 벗고, 태어난 아기는 탯물도 마르지 않았는데
　　삼대의 이름이 다 군보에 실리다니
　　…
　　칼 갈아 방에 들더니 선혈이 낭자해라
　　자식 낳아 군색당한 것 한스러워 그랬다네

...
자식 낳고 사는 건 하늘이 내린 이치인데,
불 깐 말 불 깐 돼지도 서럽다 할 것인데
...
부호들은 일 년 내내 풍악이나 즐기면서
다 같은 백성인데 왜 그리도 차별일까
...

-〈애절양〉 다산 정약용

시에 갈밭마을은 지금의 남포마을로 당시에도 갈대밭이 무성했던 곳임을 알 수 있다. '애절양'은 당시 피지배층이 당하던 질고와 탐학무도한 정치를 고발한 대표적 작품이다.

너무 변한 세상

다산은 『목민심서』에서 "음양의 이치는 하늘이 품부한 것이니 정교하지 않을 수 없고, 정교하면 낳게 되어 있는데 낳기만 하면 반드시 병적에 올려서 이 땅의 부모 된 자로 하여금 천지의 생생하는 이치를 원망하게 하여 집집마다 탄식하고 울부짖게 하니 나라의 무법함이 어찌 여기까지 이를 수 있겠는가?"라면서 당시의 참담한 상황과 사회적 모순을 상세히 전하고 군정의 문란에 대해 지적하면서 "이 법을 바꾸지 않으면 백성들은 모두 죽고야 말 것이다"라고 말하고 있다.

지금은 그때보다 풍족하고, 세금을 걷는 게 아니라 장려금을 줘도 아이를 낳지 않으니 세상이 변해도 너무 변한 것 같다. 많은 어려운 여건 속에서도 자식을 낳고 애지중지 기르며 세대를 이어준 선조들이 더욱 고맙다.

민초의 정신 이어받은 국민의 저력

강진은 전라도에서 조선시대에 해상교역이 가장 활발한 곳이었다. 그 대표 지역이 이 남포마을의 남당포구였다. 강진의 관문이자 제주의 출발지로 번영했던 남포조차 그런 억울함을 당하며 힘겨운 삶을 살아야 했으니 다른 곳을 말해 무엇하랴. 남포마을은 수많은 풍파와 싸우며 삶을 지켜낸 우리네 민초의 삶을 대변하고 있다.

잘못된 나라 정치로부터 숱한 고초를 당해야 했던 민초들은 그러나 그런 나라와 이 땅을 누구보다 사랑했고, 나라를 살리는 일에 누구보다 앞장서서 나섰다. 1919년 4월 4일 전남지역 내 최초 최대 규모의 독립만세운동이 이 남포마을에서 시작됐다. 당시 만세운동의 유일한 여성 박영옥(당시 23세)은 태극기를 제작하고 독립선언서를 운반했다는 혐의로 재판에 넘겨졌다. 일본인 검사는 박영옥의 은밀한 곳을 지휘봉으로 가리키며 "이곳이 무엇을 하는 곳이냐"며 성 고문에 가까운 질문을 했다. 그러자 박영옥이 "거기가 네가 나온 곳이다"라고 대들었다. 검사가 "만세운동을 어떻게 계획했는가"라고 묻자 박영옥은 "독립만세운동은 내 나라 내 민족의 일인데 너희에게 자백할 이유가 없다. 부모 잃은 자식이 부모를 찾는 것이 당연하듯 조국 잃은 내가 조국을 찾겠다는데 무슨 죄냐"며 당당하게 맞섰다. 박영옥의 용기 있는 행동을 두고 남정네들이 바른 행동을 하지 않으면 "불알 달린 놈이 강진 남포의 박영옥만도 못하다"는 말이 생겨났다.

민초들은 짓밟히고 또 짓밟혔지만 누구보다 강인했으며, 오늘날에도 그 민초의 강인함을 이어받은 한국인의 저력은 모든 국가적 위기와 재난을 이겨내는 힘의 근원이 되고 있다.

남해안 최고 기수역 한복판으로

2회 차, 3일째_6th

18. 강진만 생태공원

생태의 보고

　당시 겪었던 민초들의 아픈 사연을 아는지 모르는지 끝없이 하늘거리는 갈대밭은 초연하기만 하다. 찻길 따라 남포마을을 지나면 바로 강진군 소재지로 갈 수 있겠지만 짧게 가는 찻길은 우리가 가는 길이 아니다.

　데크길을 따라 갈대밭 속으로 하나 둘 몸을 숨긴다. 자연이 만들어낸 아름다움의 극치, 그리고 그의 일부처럼 인간이 하나가 되어 걷는 길이다. 이곳은 최고의 생태 보고이기도 하다.

*남해안 하구 중 가장 많은 종의 식생지역인 강진만 기수역

탐진강과 강진천이 강진만으로 합류하는 기수역인 이곳은 남해안의 11개 하구 중 가장 많은 종(1,131종, 평균의 2배)의 기수역 생태계가 발달해 있다. 인접한 농경지 산지 소하천 등의 우수한 생태환경, 여러 하천의 유입과 낮은 염도, 넓은 간석지, 높은 수온 등이 식생에 적합한 환경을 만들었다. 조간대가 특별히 넓게 발달해 일제 시대엔 백금포 인근까지 간석지가 형성돼 있었다.

갈대 군락에 파묻힌 생태 탐방로

지금은 2000년대까지 계속된 간척사업으로 간척지로 많이 변했지만, 지금도 둑이 없는 자연 하구로 넓게 형성된 퇴적 지형엔 끝없는 갈대 군락(20만 평)이 장관이다.

강진군은 이곳을 더 잘 볼 수 있도록 약 4km의 생태탐방로 데크길을 조성했다. 데크길은 생태 관찰을 위해 갈대숲에 파묻히도록 낮게 설치돼 만조시 월 2~3회는 일정 시간 이용이 금지되기도 한다.

바다와 하천이 만나는 기수역 한복판을 이처럼 자유롭게 거닐 수 있는 곳이 우리나라에 있다는 것이 너무 다행이다. 그 한가운데로 들어가서 바다와 하천과 생태가 보전되고 어우러져 연출되는 자연의 경이를 보고 또 오감으로 느낄 수 있다니 너무 감사하다.

좋은 곳을 걸으면 마음도 즐거워진다. 단원들의 즐거운 마음이 고조되면서 장난과 재잘재잘 이야기 꽃이 만발한다. 아름다운 자연과 함께 하면서 열린 마음을 누가 통제할 수 있으랴? 그야말로 힐링의 길이다.

*강진만 생태탐방로

19. 사의재 저잣거리

바닷가에 지어졌던 청초루

 데크길 시작점에서 탐진강 목리교까지 3km의 생태길을 걸어 목리교 북단에서 좌측으로 돌면 강진군 시내가 나온다. 동성로로 직진해 횡으로 놓인 탐진로를 만나면 좌측 길 건너가 사의재 저잣거리이다. 그 옆 탐진로를 따라 400m 남짓 되는 곳에 강진군청이 있다.

 청초루가 저잣거리의 입구처럼 서 있다. 청조루는 원래 15세기 강진 읍성 남쪽 강진만의 푸른 물을 굽어 보고 노 젓는 소리를 들을 수 있는 바닷가에 지어졌던 누각인데, 강진군이 이곳에 새로 누각을 건립하고 역사성을 새기기 위해 청조루라 이름했다.

 청조루 안으로 들어서니 조선시대의 저잣거리를 재현한 사의재 저잣거리가 나온다. 일단 청조루 누각 위로 올라가서 사의재와 저잣거리 일대를 내려다본다.

뜻밖의 호의, 차향에 녹은 피로

 사의재 저잣거리엔 차 체험관과 청자 전시·판매장, 한과와 도장 공방 등 강진의 전통을 체험하고 즐기는 공간이 조성돼 강진의 명소로 떠올랐다.

 우리가 갔을 때는 처음 조성(2018. 12.)된 후 첫겨울이라 아직 자리를 잡기 전이고 가게들이 거의 비어 있었다. 그중 '향기한스푼'이란 간판 등이 처마에 달린 가게를 지나다가 마주 오던 한 아주머니께 인사를 드리니 우

* 청초루에서 내려다 본 사의재 저잣거리

리의 깃발을 보고는,

"국토종주하세요?"

하고 묻는다. 그렇다고 하니 자신도 마침 오는 길이라며 피곤할 텐데 가게가 아직 영업을 개시하지 않았으니 편안하게 차 한잔 하고 가시라고 선뜻 호의를 베풀어 주신다. 가게 주인으로 강진으로 귀농한 분이시다.

잠시 대화를 나누자니 우리나라 다도 보급의 대표 주자인 명원다도문화원의 강진지부 원장이자 강진 명품 지정자인 다연 박점자 선생이 놀러 왔다가 합석해 잠시 국토종주로 대화 꽃을 피웠다. 차도 여러 차례 권해 주시니 오랜 걷기의 피로가 차 향에 녹는 것 같다. 모르던 길 가는 나그네에게 베풀어 준 호의가 너무나 고맙다. 강진을 지키는 가장 큰 힘은 주민들의 '강진 사랑'의 마음이라는 점을 이분들이 대표로 보여주신 것 같다.

* 합석해 차를 나눈 다연 박점자 선생

* 선뜻 호의를 베풀어 주신 '향기한스푼' 사장님

남도답사 1번지 강진

　청자와 다도가 꽃피운 강진은 우리나라에서 일조량이 가장 많고, 청정 바다와 만과 산하의 자연, 그 속에서 생산되는 양질의 농작물, 그 속에 꽃 피운 즐비한 문화유산 등으로 가히 '남도답사 1번지'로 불릴 만하다. 그리고 이들이 진정한 가치로 발현되도록 받쳐주고 있는 따뜻한 인심까지 남도 대표 고장임을 다시 한번 느꼈다. 유홍준 교수는 『나의 문화유산 답사기』에서
　"지역적 편애라는 혐의를 피할 수만 있다면, 강진은 '남도답사 1번지'가 아니라 '남한 답사 1번지'라고 불렸을 답사의 진수 처인 것이다."
라고 했을 정도이다.
　따뜻한 호의를 받고 저잣거리를 통과하니 드디어 그 뒤편으로 '사의재'가 보인다.

다산을 살린 주막과 사의재

2회 차, 3일째_7th

20. 다산을 살린 주막과 사의재

사의재 도착

사의재는 다산이 1801년 강진으로 유배 와서 처음 머문 것이 인연이 되어 이후 4년 동안 기거했던 곳이다. 다산은 이곳에서 관제·토지·부세 등 제도 개혁안인 『경세유표』를 저술했다. 강진군은 다산 유적 성역화 사업으로 오랜 고증을 거쳐 사의재와 주막(동문매반가) 등 동문 우물가 주막터를 2007년 원형 그대로 복원했다.

사의재 저잣거리를 지나 옛 동문안 우물터를 재현한 동문샘의 좌측으로 가니 운치 있는 연못(동천정)이 나오고 통나무 다리를 건너 올라서니 아담한 초가 사의재 마당이다. 마당엔 4년 동안 다산을 보살핀 주모와 그녀의 외동딸의 모습이 다소 큰 듯한 '주모상'으로 재현돼 있다.

초가에 사의재 현판이 달린 작은 방이 다산이 4년 간 기거한 곳이다. 방문이 닫혀 있어 안을 볼 수는 없었지만 이 작고 누추한 골방이 다산 실학의 장엄한 첫 장이 열린 곳이라니 곁에서 보는 것만으로 경외의 마음이 핀다. '사의재' 현판은 다산의 글자를 집자해서 새긴 것이다.

사의재와 마주하고 있는 동문매반가에선 다산이 즐겨 먹었던 아욱국과 당시에 주막이었던

* 사의재 앞에 주모 모녀상이 재현돼 있다.

분위기를 그대로 살리기 위한 여러 음식을 판매하고 있다. 사의재 뒤쪽으론 한옥체험관이 조성돼 있어, 이곳에 숙박하며 사의재, 저잣거리, 영랑 생가와 모란공원 등 주변 명소를 걸어서 둘러볼 수 있다.

＊사의재 앞 동문매반가. 다산 선생이 즐겨 먹었던 아욱국을 판매하고 있다.

여성 차별 이야기 꺼낸 주모

다산이 처음 강진에 왔을 때 죽을 만큼 절망에 가까운 심경이었다. "북풍이 나를 날리는 눈처럼 몰아쳐 남으로 강진읍내 매반가에 닿았도다"라고 쓴 그대로였다. 읍내의 어느 누구도 맞아주지 않았지만 유일하게 그를 머물도록 했던 집이 매반가 주막집이었다. 심신이 만신창이가 된 다산에게 주모 할머니는 구세주 같은 분이었다. (《부록1》, 길에 얽힌 못다 한 역사 이야기: P343, 2. 다산을 살린 주막 이야기, P341, 3. 시간은 치유의 힘이 있다, P344. 참고)

방 한 칸을 내주고도 주모는 날마다 뜨끈한 아욱국으로 밥상을 차려줬고 극진히 보살폈다. 다산은 처음엔 감시와 따가운 시선으로 아직 밖에 나오는 것조차 두려워 방 안에서 지내곤 했는데, 이따금 말을 걸어 주는 이도 오직 주모밖에 없었다.

그러던 어느 날 주모 할머니가 다산과 이런저런 이야기를 주고받다 도발적인 질문을 던졌다.

"아버지는 씨앗이요, 어머니는 밭입니다. 씨앗을 품어 움틔우고 열매를

맺는 것은 땅의 기운인데 왜 여자는 존중되지 않는 것입니까."

당시로서는 입에 담기 힘든 여성 차별에 대한 이야기였다. 다산은 흑산도에 있는 형 정약전에게 보낸 편지에서 주모의 지혜를 이렇게 찬탄하고 있다.

"나는 뜻밖의 일로 크게 깨닫고 경계하며 깨우쳐서 주인집 할머니를 공경하게 됐습니다. 천지간에 지극히 정밀하고 오묘한 이치가 바로 밥을 팔면서 세상을 살아온 주인집 할머니에 의해 겉으로 드러나게 될 줄 누가 알았겠습니까. 신기하기가 이를 데 없습니다."

유배지에서 새로운 세상이 열리다

소위 '엄친아'로 임금의 총애를 한 몸에 받던 내각의 승지였던 다산에게 주모는 낯선 존재였을 것이다. 다산은 유배지에서 그동안 미처 못 봤던 사람들과 삶과 세상을 보았다. 다산에게 새로운 세상이 열린 것이다. 그리고 이곳의 대범하고 지혜로운 주모 할머니를 만난 것은 행운이었다.

한 날은 주모가 "글 꽤나 하신 분이 어찌 그냥 헛되이 사시려 합니까. 제자라도 가르쳐야 하지 않겠습니까. 우리처럼 배운 것 없는 천한 백성의 자식들은 글공부를 하고 싶어도 배울 수가 없는데, 선비님이 여기 아이들 천자문이라도 가르쳐 주시면 좋겠습니다."라고 한 말에 다시 다산의 눈이 번쩍 뜨였다.

『논어』의 '위령공편'에서 공자는 "가르치는 데는 계급이 없다"고 했다. 이 뜻대로 다산은 『논어』 주석서인 자신의 저서 『논어고금주』에서 "하늘이 사람을 내릴 때는 귀천을 두지 않았다. 가르침이 있으면 모두 같다"고 정의했다. 다산은 인간이 교육을 받으면 모두 같은 존재이며 어리석은 백성 위의 정권은 굳건하지 못하다고 썼다. 주모는 글을 배운 적이 없음에도 이미 이 뜻을 마음으로 알고 있었다.

'다산학단'의 첫 제자들을 기르다

다산은 앞뒤 뜻도 이어지지 않는 중국『천자문』을 대신해 2,000자를 기본으로 아동용 교과서로 쓸『아학편』을 직접 만들고 첫 가르침에 나섰다. 강진에 온 지 1년이 다 돼가던 1802년 10월의 일이다.

이때의 첫 제자 황상은 이후 평생 스승의 가르침을 따라 살았고 조선 후기 최고의 시인 중 하나로 평가받는다. 황상의 스승에 대한 존경과 애정은 특별해 늙으막엔 다산의 두 아들과 황상이 '양가는 자자손손으로 우의가 이어지기를 약조한다'는 정황계를 맺을 정도였다. 또 황상은 큰 아들 학연의 소개로 추사 김정희로부터 지우知遇의 대접을 받았다. 황상은 죽기 전 75세에 스승의 깨우침을 마음에 새겨 항시 자책했다고 술회하고, 15세 때 다산의 제자로 들어가며 받은 '삼근三勤'의 가르침을 평생 지켰다고 고해한다. 다산의 저작을 가장 많이 도운 이청 등 다산은 사의재에서 6명의 제자를 길렀다. 이들은 다산초당의 18 제자와 함께 '다산학단'을 구성한다.

다산이 유배 시절 인간 능력의 한계를 넘어선 500여 권의 방대한 저서를 남길 수 있었던 데는 이들 다산학단의 조력이 절대적이었다.

그 무엇도 그냥 이루어지는 것은 없다. 황상이 증언한 대로 '복숭아뼈가 세 번이나 구멍이 뚫리는 고통'을 이긴 다산의 학문적 열정과 그와 같이 헌신적이었던 제자들의 공동 집체 저술이 한자문화권 최대의 저술을 이루어낸 것이다.

사의재라 이름하다

방문을 열고 마루에 앉으면 동문샘이 보였다. 다산은 자신이 기거하는 방을 별 뜻 없이 '방의 동쪽 마당에 샘이 보인다' 해서 '동천여사'라고 불렀다. 유배된 몸으로 강진 땅에 처음 왔던 날 저녁, 더 이상 갈 곳 없는 막다른 곳에서 유일하게 자신을 맞아 준 동문샘이 방 이름을 붙일 만큼 다산에게 특별했을지 모른다. (《부록1편》, 길에 얽힌 못다 한 역사 이야기: P343, 2. 다산을 살린 주막 이야기, 참고) 다산은 제자를 가르치고 학문에 열중하기 시작하면서 방 이름을 '사의재'로 고쳐 지었다. 아무 목표가 없을 때 지은 이름과 삶의 의욕과 목적이 생긴 이후의 이름은 본질적으로 달랐다.

'사의'란 생각, 용모, 말, 행동의 네 가지 마땅히 행해야 할 덕목이다. 다산은 뒷날 지은 『사의재기』(1803.11.10)에서 이렇게 밝혀놓았다.

"생각은 마땅히 맑아야 하니 맑지 못하면 곧바로 맑게 해야 한다. 용모는 마땅히 엄숙해야 하니 엄숙하지 못하면 곧바로 의젓하게 해야 한다. 언어는 마땅히 과묵해야 하니 말이 많다면 곧바로 그치게 해야 한다. 행동은 마땅히 진중해야 하니 진중하지 못한 점이 있으면 곧바로 더디게 해야 한다. 의는 마땅함이니, 마땅함으로써 스스로를 바로잡는 것이다. 빠르게 먹어가는 나이를 생각하고 학업이 무너진 것을 서글퍼하면서 스스로 반성하기를 바란다."

모든 것은 마음먹기에 달렸다. 토담집 옹색한 방에 불과했던 곳은 마음을 다잡고 스스로를 다스리므로 세상과 백성들을 살리는 한국 실학의 위대한 전당으로 거듭났다.

단원들이 그 감동을 가져가려 저마다 주모상과 사의재 방문 앞에서 사진을 찍는다.

　이제 가야 할 시간, 떠나기 전 굳게 닫힌 사의재를 바라보자니 안에서 금방 정약용 선생이 문을 지긋이 밀며 나오실 것 같다. 200년 전의 공간이건만 다산의 뜻과 열정이 새겨져 있는 곳이기에 지금도 생생하게 살아 있는 가르침의 현장이 되고 있다.

* 다산 선생이 4년 간 머물렀던 한 칸 방 사의재

* 사의재 마루에 앉으면 보이던 동문샘

현대 시문학의 선구자 영랑의 생가

2회 차, 3일째_8th

21. 현대 시문학의 선구자 영랑의 생가

강진의 정신, 충혼탑

주막 동문매반가 문으로 나와 사의재길을 따라 150m쯤 가다 오른쪽 골목으로 들어서서 보은산 기슭에 강진읍이 내려다보이는 충혼탑으로 올라섰다. 강진군의 순국선열과 전몰호국용사를 기리는 이곳에서 매년 6월 강진군 현충일 추념행사를 거행하고 있다.

충혼탑을 내려서자 골목길 아래로 시문학파 기념관과 나란히 영랑생가가 모습을 나타낸다.

*충혼탑으로 향하는 골목길

운명에 맞섰던 영랑

바로 이곳에서 영랑 김윤식 선생이 1903년 대지주 집의 5남매 중 맏이로 태어났다.

서울 휘문고보에 재학 중일 때 3·1 운동이 일어나자 영랑은 고향에 내려와 만세운동을 준비하다 발각돼 대구

*골목 담을 활용한 주변 탐방로 지도

형무소에서 6개월 간 복역한다. 그 후 일본 동경 청산학원에 유학 중일 때 관동대지진이 일어나자 귀국한 이후 신사참배를 거부하고 이곳 고향 집에서 살면서 시작 활동에 전념했다.

1930년에 정지용·이하윤·정인보 등과 《시문학》지를 창간하고 80여 편의 시를 발표한다. 광복을 맞고 1948년 대한민국 정부가 수립되자 서울로 이사해 공보처 출판국장으로 일하던 영랑은 한국전쟁이 터지고 9·28 수복 때 포탄 파편에 맞아 숨을 거둔다. 그의 나이 47세였다.

역사의 격랑 속에서 길지 않은 생을 마감했지만 그는 운명에 맞서 정열적으로 살았고 우리나라 현대시문학의 선구자로 남았다. 일제 치하, 3·1 운동, 관동대지진, 8·15 광복, 정부 수립, 6·25 전쟁 등 세상이 연이어 뒤집히는 거대한 역사의 물줄기 속에서도 강진의 자연을 닮은 아름답기 그지없는 서정시를 꽃피웠다.

모란이 피기까지는

모란이 피기까지는/나는 아직 나의 봄을 기다리고 있을 테요/모란이 뚝뚝 떨어져 버린 날/나는 비로소 봄을 여읜 설움에 잠길 테요.

그에게 봄은 한없는 기대와 그리움이다.

뻗쳐 오르던 내 보람 서운케 무너졌느니/모란이 지고 말면 그뿐, 내 한 해는 다 가고 말아/삼백예순 날 하냥 섭섭해 우옵내다.

일제 치하에서 보람도 희망도 봄과 함께 빼앗긴 그는 1년 365일 내내 상

실감에 운다. 그러나 아무리 봄의 자취가 없어져도 기다림을 포기할 수는 없다. 아무리 찢기고 상처가 날지라도 봄은 꼭 다시 돌아올 것이고, 그 봄은 가장 찬란할 것이다.

* 생가 문간채 앞 화단에 설치된 '모란이 피기까지는' 시비

* 보은산 밑에 동백나무에 둘러싸인 아늑한 영랑생가

모란이 피기까지는/나는 아직 기다리고 있을 테요/찬란한 슬픔의 봄을

모진 세월 속에도 한가닥 희망을 건져 올리고자 몸부림쳤던, 봄을 향한 그의 애절한 절규와 희망의 메시지는 영원히 우리 가슴에 남았다.

45년간 영랑의 손때 묻은 생가에서

관리사무소 옆 싸리문을 들어서니 안쪽 깊이 문간채가 보이고 그 옆에 큰 시비가 서 있다. 문간채 안으로 들어서니 동백나무가 집안으로 쏟아져 내릴 듯 둘러 있고, 규모가 큰 본채와 사랑채가 특이하게도 중간에 담을 두고 분리된 채 보은산 밑 자락에 아늑하게 자리하고 있다.

＊본채와 앞뜰. 화단과 우물이 보인다.

1985년 강진군에서 사들여 훼손된 본채를 원래의 초가집 원형대로 보수하고 문간채는 영랑 가족의 고증을 거쳐 복원해 깨끗하게 관리하고 있다. ㄷ자 누마루가 이색적인 사랑채는 원형이 잘 보존돼 있고, 그 앞 연못과 화단이 소담하다.

영랑은 이 집에서 45년간 살았다. 자연히 집의 샘, 동백나무, 장독대, 감나무, 모란 등이 시의 소재가 되었고 지금도 남아 영랑의 체취를 진하게 전하고 있다. 이러한 연유로 이 집은 2007년 국가 민속문화재(제252호)로 지정되었다.

은행나무 유종 알려주신 분

입구 쪽 큰 시비와 소담한 화단에 이끌려 두런두런 감상하고 있는데 우리 깃발을 본 아저씨 한 분이 다가온다. 자신을 학예사로 소개하고 생가 앞 뜰의 110년 된 은행나무에 유종이 있다면서 못듣던 얘기를 해주신다. 유종이란 줄기 가지 사이에 종유석 처럼 자라는 돌기로 땅까지 닿으면 뿌리를 내린다고 한다.

하나라도 더 전해 주시려 영랑생가 뒤편 모란 공원까지 대동해 소개해 주신다. 기증으로 고향에 돌

＊은행나무 유종

아오게 된 200년 된 백모란 적모란과 8개국의 다양한 50종의 모란을 볼 수 있는 온실 설명까지 너무도 감사하다.

많은 분들이 배낭에 단 국토종주 깃발을 알아보므로 덕을 볼 때가 많다. 국토종주 순례자로서 책임도 그만큼 따른다는 것을 느끼곤 한다.

우리나라 유일의 모란 테마공원

우리나라 유일의 모란 테마공원인 세계모란공원은 영랑생가와 연계된 공원으로 본채 뒤로 직접 연결돼 있다. 언덕 위로 올라서니 툭 트인 곳에 꾀 규모가 큰 잘 가꾸어진 모란공원이 나타난다. 야외 모란 정원엔 곳곳에

* 모란공원 전망대에서 본 강진 시내가 따뜻하다.

시비가 서 있고, 기증 받은 희귀 모란은 2월 겨울이라 두터이 짚을 감싸서 보호 중이다. 그 옆에 영랑 김윤식 선생 상이 반듯한 대리석 돌에 자연스런 포즈로 앉아서 옆에 같이 앉자고 말하는 것 같다.

넓은 모란 공원엔 세계 각국의 모란을 볼 수 있는 사계절 모란관 온실과 야외 폭포, 정자, 감성 트레일 코스, 전망대 등이 조성돼 있다. 영랑생가와 모란 공원의 주차장은 모두 무료이다.

이곳에서 전망대 쪽으로 올라가면 전망대를 지나 고성사 보은산방 가는 길이 이어진다. 보은산방은 혜장선사의 소개로 다산이 사의재 이후 강진에서 2번째 기거했던 곳이다. 전망대로 올라서니 강진만을 앞에 둔 아름다운 강진읍의 전경이 한눈에 파노라마처럼 펼쳐진다. 아주 조금 올라왔을 뿐인데 따사로운 강진읍의 전망이 한 폭의 그림 같다. 강진이 왜 일조량이 전국에서 가장 많은 고장인지 이곳에 올라보니 알 수 있을 것 같다.

부자의 정 이어 준 보은산방

2회 차, 3일째_9th

*보은산방 가는 명상의 길

22. 부자의 정 이어 준 보은산방

보은산방 가는 길

바로 옆의 산길 따라 고성사로 향했다. 1km쯤 산길을 오르다 보니 양갈래 길이 나온다. 보은산 정상 밑 7부 능선길쯤 되는 왼쪽 길로 들어섰다.

산사로 가는 보기 드문 명품길이다. 해탈의 길로 가는 명상의 길답다. 약수터를 지나고 나무가 우거진 폭신폭신 평탄한 아름다운 숲길로 1km쯤 가니 언덕 위로 고성사가 보인다.

언덕을 올라서니 오른쪽 턱에 작은 보은산방이 나타나고, 저쪽 편으론 우두봉 밑 우거진 숲속에 자리한 암자 같은 고성사가 고요하다.

원래 암자였던 고성사는 고려 때 백련사를 중창할 때 함께 지은 말사였다. 이런 까닭에 백련사의 혜장선사가 이곳 요사를 다산에게 내어 줄 수 있었다.

* 보은산방에 오르기 전 다산의 '보은산방에 제하다' 시를 소개한 팻말

* 보은산방

주역과 차에 심취했던 곳

다산은 이곳에서 주역 연구에 몰두했다. 다산은 또 이곳에 온 뒤로 차를 본격적으로 마시게 된다. 유배지에서 마음의 병을 차가 치유해 주었고, 혜장선사가 끊이지 않고 차를 보내주었다. 차나무가 많은 다산초당에 가서부터는 아예 자신의 호를 다산으로 정했을 정도다.

실제로 차의 테아닌과 카테킨 등 기능성 성분은 사람의 뇌파 중 알파파의 발생을 증가시켜 집중력 강화, 긴장 완화 등 스트레스 감소에 탁월한 효과가 있다. 혈압 감소, 항비만, 면역체계 개선, 고지혈, 혈당의 상승 억제, 항산화, 항균, 항염 등의 생리활성 효과도 있다.

부자의 정

다산은 사의재에 온 이듬해에 큰아들 학연을 오도록 불렀다. 방이 좁고 누추하거나 자고 먹을 일을 생각할 겨를 없이 아들을 보고 싶은 부정이 앞섰다.

1802년 4월 15일경 학연이 문안 왔다가 곧 떠난 일이 있다. 너무도 아쉬웠다. 그리고 유배 온 지 만 4년 만인 1805년 10월 3일 큰아들 정학연이 스물 세 살의 어른이 되어 아버지와 같이 지낼 작정을 하고 왔다.

> 너를 그리워한 지 너댓 해
> 꿈에서 보면 언제나 고운 자태이건만,
> 장부 되어 갑자기 앞에서 절을 하니
> 어색하여 마음이 편하지 않아,

집안 안부 형편도 선뜻 묻지 못하고
우물우물 자꾸만 시간을 끌었다.
- 〈학가래, 휴지보은산방유작〉 중, 다산 정약용

이젠 어른이 되어 수염이 덥수룩히 나서 나타난 아들을 오랜만에 본 아버지의 심경이 애잔하다. 그러나 돈은 없고 입은 보태져 굶주림을 달랠 길 없으니 걱정이다.

동문의 시끄럽고 비좁은 방에 두 부자가 거처하는 걸 혜장선사가 알게 된 것은 다행이었다. 고성사에 가면 기식하는 일도 해결될 것 같아 혜장선사는 두 부자를 위해 고성사의 요사를 내주었다. 다산은 혜장선사의 뜻이 고마워 고성암 요사를 '보은산방'이라고 불렀다.

아들이 온 지 1주일 만인 10월 9일 다산은 아들의 손을 꼭 잡고 보은산방으로 향했다. "내 이제 너에게 글을 가르치겠으니 돌아가 네 아우의 스승이 되거라." ('휴지보은산방유작' 중) 다산은 보은산방에서 아들과 같이 글도 짓고 공부도 가르친다.

이듬해 2월 중순 한식일에 아들이 두릉 집으로 돌아갈 때까지 행복한 날들이었다. 떠나는 날 아들은 새벽에 아버지께 절을 올리고, 베개와 이불을 어루만져 울음을 삼킨 뒤 떨어지지 않는 발걸음을 옮겼다.

보기엔 산속 적막한 한 칸 집에 불과하지만 두 부자에겐 끊어졌던 아들과 아버지의 정을 이어주고, 부자만의 평생 잊지 못할 추억과 행복한 시간을 만들어 준 보배 같은 장소였다.

23. 소를 좋아한 남도민

산속에서 카나페를

고성사 옆에 우두봉으로 향하는 작은 오솔길을 만났다. 사람길 국토종주를 하는 우리에겐 어느 곳이나 앉으면 앉은 그 자리가 곧 쉼터이다. 산길 옆의 좁은 비탈면에 앉아 잠시 쉬는 찰나에, 난 준비해 간 와인을 배낭에서 꺼내고, 과자와 치즈, 쨈도 꺼내 카나페를 만들었다.

* 오솔길가에서 카나페를 만들다.

산속에서 걷다가 먹는 와인과 카나페, 무언가 부조화 같고 재료도 없는데 맛은 그 이상이 없을 꿀맛이다. 다소 시간은 걸리지만 하나하나 재료를 올려서 만드는 카나페처럼 국토종주 단원들 간에 정성스러운 마음과 조화로움, 즐거운 마음이 만드는 달콤함이 있다면 머나먼 국토종주길의 힘이 될 것이다.

우린 이렇게 마음을 다해 걸었고 앞으로 남은 30여 일도 이렇게 걸을 것이다. 국토종주란 일상생활의 일정 부분 희생을 감내해야 한다. 그러고도 걷는 동안 고생을 각오해야 한다. 그러나 그를 통한 경험은 가장 값진 보람과 추억이 되어 평생의 삶 동안 영향을 미칠 것이다. 산속의 카나페는 국토종주의 고생 속 희열을 닮아 있다.

*고성사를 지나 우두봉으로 향하는 오솔길

소를 닮은 남도민

 이 산길을 따라 더 가면 우두봉으로 연결된다. 우두봉은 소가 누운 모습이라는 보은산의 형상 중에 소의 머리 부분에 해당한다고 해서 붙여진 이름이다. 보은산 정상에 가기 위해 넘어야 한다는 12고개의 이름도 모두 소와 관련된 이름이다. 좀 전 지나온 고성사도 소의 목 아래 방울을 다는 부분에 해당한다고 '고성'이라 이름 지었다.
 그러고 보니 강진은 소의 이름을 딴 지명이 특히 많다. 오늘 3일 차 국토종주를 시작하기 전에 가 본 가우도 출렁다리의 가우도도 소의 멍에에 해

당해서 붙은 이름이다. 『강진군 마을사』에서는 아예 강진군 전체의 지형을 '와우형'(소가 누운 모양)으로 묘사하고 있다. 강진이 예부터 소를 극진히 사랑하는 고장임을 알 수 있다.

국토지리정보원이 2021년 '소의 해'를 맞아 전국 소 지명을 분석해 보니 소와 관련된 지명이 가장 많은 곳이 전남이었다. 소는 근면, 풍요, 희생, 의로움을 의미하는 동물로 전통 농경사회에서 농가의 부와 재산을 상징하는 가장 중요한 자산이었다. 이런 까닭에 우리 민족은 소를 아끼고 보살펴야 집안과 마을이 편안하고 번창해진다고 믿어왔다.

이 같은 문화적 특징과 생활 모습이 남도의 지명에 가장 많이 남아 있다는 것은 소에 많이 의지해야 했던 평야가 많은 남도의 곡창지대와 남도민의 근면성과 무관치 않아 보인다.

24. 자연의 길을 걷는다는 것

사람길 국토종주의 행복

쉰 곳에서 600m쯤 가서 왼쪽 하산길로 방향을 틀어 숲길을 걷는다. 감탄이 나올 만큼 예쁜 숲길이 펼쳐진다.

1.3km쯤 가니 산 중턱에 고개를 넘어가는 작은 도로(솔치로)가 나온다. 도로 옆으로 송학리 마을이 내려다 보이는 언덕 위의 너른 목초지가 보인다. 산을 개간한 밭 같은데, 아무것도 심겨 있지 않고 빈 땅에 짧은 잔디만 가득하다.

※ 보은산 하산길에 감탄이 나올 만큼 예쁜 숲길

※ 길가에 나타난 푸른 초원에서 쉼을 얻다.

언덕 위의 푸른 초원을 보면 왠지 모를 끌림이 있다. 그냥 이끌려 안으로 들어섰다. 잔디밭 언덕에 앉았는데, 순간 시간이 정지된 듯 마음의 여유가 생기고 내려다보이는 마을과 온 세상이 평화로워 보인다. 짧지만 힐링의 특별한 시간이 되었다.

일부러 찾아가는 도식화된 관광지나 미리 예정했던 장소가 아니라도 어디에서나 우리 국토를 느끼고 감상에 젖어볼 수 있다는 것은 국토종주만이 줄 수 있는 묘미이자 행복이다.

그냥 그대로 아름다운 자연길

다시 내려가던 산길을 이어 도로 건너편 숲속으로 들어섰다. 숲길로 들어서자, 가는 길마다 잊지 않고 혁과 용주가 사람길 국토종주길의 표식인 리본을 단다.

* 곳곳마다 리본을 다는 혁과 용주

* 송학제 가는 자연 들길

리본을 달 때마다 한 가지 바램을 같이 싣는다. 무미건조한 찻길이 아닌 사람이 주인이 되어 걸을 수 있는 사람길이 이대로 남아 없어지지 않길, 사람길을 걷는 사람마다 힐링이 되고 다양한 느낌과 인식의 지평을 넓히고 삶을 풍성하게 만드는 깨달음과 경험이 되어 되살아나길……

숲길로 들어서서 조금 가니 예쁜 오솔길이 나오고 조금 더 가니 마치 자연 호수 같은 송학제 저수지가 나타난다. 모든 인공 설치물은 시간이 흐르면 아름다운 자연의 옷으로 갈아입는다. 송학제 주변의 아름다운 갈대가 너울너울 늦겨울의 감성을 한껏 돋아 준다.

우리가 걸어가던 길마저 풀숲에 덮여 잘 보이지 않는다. 나무 몇 개로 자연 다리가 된 도랑을 건너고 다시 자연이 뒤덮인 오솔길을 걷다 보니 터널처럼 빽빽한 대나무 숲길이 나타난다. 강진엔 곳곳에 대나무 숲이 많다. 역시 우리 국토의 자연은 그냥 그대로 너무도 아름답다.

* 송학제

* 송학제 지나 대나무 숲길

금당마을 백련지

좀전 잔디밭 솔치로에서 1.6km쯤 가니 금당마을이다. 강진 최고의 명당으로 알려져 있는 금당마을은 많은 문인과 지사, 열녀를 배출한 유서 깊은 마을이다. 앞으로 가게 될 백운동 별서정원을 만든 이담로가 살던 마을이기도 하다. 이담로의 할아버지 이담이 이

* 백련지와 정자

금당마을의 입향조이다.

이 마을은 마을 한가운데 정원을 설계하여 정자와 백련지를 만들었는데, 이 같은 풍류가 이담로에게 영향을 준 것이 아닐까 싶다.

이 마을의 명소인 흰 연꽃이 핀다는 백련지엔 아직 2월이라 꽃이 없다. 주변에 고목이 호위하는 연못 안엔 섬이 있고 연못 가운데 지어진 정자는 동백나무, 소나무, 오죽이 어우러져 남도민의 삶의 정취를 대변해 주고 있다. 겨울인데도 옛 연못의 풍취와 아름다움이 배어 나온다. 배련지 옆의 아름드리 고목들의 배웅을 받으며 금당마을을 빠져나간다.

* 백련지의 고목을 지나 금당마을을 빠져나간다.

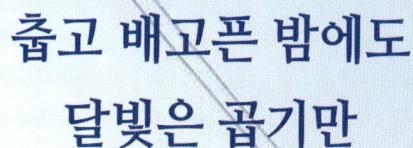

춥고 배고픈 밤에도
달빛은 곱기만

2회 차, 3일째_10th

* 바람 세찬 들판을 지나 성전면 시내로 들어가는 중

25. 춥고 배고픈 밤

다시 바람길

*둔덕을 넘어 저녁 들판 바람길로 나선다.

금당마을 앞으로 고속화 도로인 2번 국도(녹색로)가 지나고 있다. 도로 밑 굴다리를 통과해 농지 한가운데 농로로 나섰다. 조금 가다 오른쪽 계단식 논밭이 조성된 둔덕을 넘어 다시 2번 국도 옆으로 나란히 난 송계로를 만났다. 오른쪽은 한 길 높은 축대 위 고속화 도로에 차가 쌩쌩 달리고 왼쪽 옆은 너른 평야지대에 어둠이 깔리고 있다. 해가 넘어가서인지 이때부터 날이 갑자기 추워지고, 거칠 것 없는 허허들판에서 부는 바람이 살을 엘 듯 몰아친다. 아까 강진만 둑방길에서 만났던 그 바람이다.

난 하루 종일 티 하나에 점퍼 하나로 귀마개도 없이 버티고 있었다. 지금까진 괜찮았는데 지금은 뼛속으로 추위가 스며든다. 이때 단원 중 현이가 안 쓰는 얇은 넥스카프가 있다며 꺼내 준다. 얼마나 고맙던지 그나마 그게 있어서 귀와 얼굴을 감싸지 않았다면 내 몸이 동태가 됐을 것 같다. 성전면 시내까지 인적은 어디도 보이지 않는 스산한 저녁의 벌판 바람길을 걷는 2km의 거리가 그렇게 멀게 느껴진 적도 없는 것 같다.

한파 닥쳐온 남도의 겨울

　남도의 겨울은 예부터 그리 춥지 않았다. 강진의 겨울철 평균기온이 영상 1.0℃ 정도에 그친다. 아무리 추운 날씨라 해도 영하 4℃를 더 내려가지 않는다. 말 그대로 '따뜻한 남쪽나라'인 셈이다. 그런데 지구온난화의 이상기후가 생긴 이후부터 이곳에도 한파가 불어닥치고 있다.

　강진군의 2021년 1월 평균기온은 영하 3℃로 나타났다. 최저기온은 영하 15.3℃까지 내려갔다. 추운 날도 그만큼 많아졌다. 북반구를 돌던 제트기류가 지구온난화로 허물어지면서 북극의 찬 공기가 쏟아져 내려와 땅끝까지 한반도 전체에 영향을 미치고 있는 것이다. 이러한 양상은 앞으로도 계속될 것이다.

　그래도 바람이 없을 땐 괜찮은데 한파가 닥친 저녁에 기온이 내려가고 바람까지 불면 혹독하다.

춥고 배고픈 저녁

　성전면 시내에 들어섰을 땐 날이 캄캄해졌다. 추위는 가실 줄 모르고 어디라도 잠시 들어가 몸을 녹여야 할 것 같다. 그러나 어느 곳도 잠깐 들어갈 만한 곳이 없다.

　낙심하던 그때, 농협 간판이 보이고 그 옆에 365 자동코너 간판도 보인다. 그러나 역시 불이 꺼져 있다. 이미 문이 잠겨 있을 것이라고 생각하고, 그래도 혹시나 해서 밀어보니 앗! 열린다. 2평도 안될 길고 좁은 365코너에 우리 12명이 모두 들어갔다.

구세주를 만난 기분이다. 이렇게 좋은 안식처가 또 있을까. 평소 같으면 전혀 상상도 못 할 일이지만 바닥에 털썩 앉아 짐을 풀었다. 추운 건 해결됐지만 이미 저녁 7시가 다 됐으니 배가 고프다. 아직도 간식거리가 남아 있었나, 너도 나도 마지막 남은 간식거리를 꺼낸다. 나도 올 2월 초 일본 오사카 다이아몬드 트레일에 갔을 때 산 과자를 비상식으로 남겨두었다가 꺼냈다. 너무 달지만 맛은 둘째고 지금은 먹는데 의의가 있다.

그렇게 그 좁은 365코너를 안방 삼아 간식을 먹으며 쉬며 언 몸을 녹였다. 그날의 고마웠던 성전면 농협 365코너는 지금도 잊히지 않는다.

*한파를 피하게 해 준 고마운 농협365코너의 추억

26. 달빛이 유난히 곱다

캄캄한 밤길이 왜 즐겁지?

몸을 녹이고 힘을 얻어 밖으로 나오니 금세 다시 세찬 추위가 엄습한다. 골목은 추위가 조금이라도 덜할까 싶어 풍미식당을 끼고 오른쪽 골목길로 들어섰는데, 월산천변의 터진 길을 만나니 다시 똑같다. 이젠 빠른 걸음으로 몸에 열을 내어 추위를 이기는 수밖에 없다.

성전교로 월산천을 건너 성전면사무소를 지나 1.5km쯤 더 북쪽으로 직진하니 월평교차로다. 왼쪽으로 방향을 틀어 서쪽의 밤재 고개를 넘어가는 2번 국도를 다시 만나 그 밑에 나란히 난 농도를 따라 월각산 기슭의 비탈진 밤길을 걷는다. 이따금 지나가는 차 소리가 문명을 알릴 뿐 외딴 적막강산이 따로 없다. 오직 단원들만이 서로를 의지해서 밤길을 걷고 있을 뿐이다.

그런데도 새삼 즐거운 기운이 느껴진다. 그러고 보니 달빛이 친구가 되어 우릴 비추어 주고 있기 때문이다. 시내를 걸을 땐 못 느꼈는데, 시내를 벗어나서야 달빛이 길을 비추고 있다는 사실을 문득 깨달은 것이다. 그러고 보니 지금 향하고 있는 곳이 바로 달마지 마을이다. 원래의 마을 이름이 달을 맞이한다는 뜻의 대월마을이어서 달마지마을로 불린다.

전통 테마 마을, 달마지마을

800m쯤 가서 오른쪽 굴다리를 통과해 대월 달마지마을로 가는 고개를 넘는다. 유난히 고운 달빛이 머물고 있는 고갯길과 전통마을의 기운이 느

꺼져서인지 오르는 발걸음에 활기가 솟는다.

　월각산 자락에 학이 날개를 펼친 모양으로 자리 잡은 유서 깊은 전통마을인 대월마을은 2004년 전통 테마 마을로 지정되고부터 팜스테이 마을로 유명해졌다. 농협과 전국팜스테이협의회에서 지정한 팜스테이 최우수 마을이기도 하다. 많은 사람들이 농촌체험을 위해 찾다 보니 2007년 전남에서 유일하게 농촌진흥청 주관 환경친화형 농촌주거 시범지역으로 선정되기도 했다. 농촌마을 가꾸기 대회 등을 휩쓴 마을답게 마을 전체가 식물원에 버금가는 하나의 정원이라는 찬탄을 받고 있다.

　마을로 들어서니 밤인데도 꽤 큰 마을임이 느껴진다. 마을이 월각산 자락에 둘러싸여 꽁꽁 숨어 있다 보니 마을 이름처럼 달빛이 더 소중하고 달이 유난히 크게 보였으리라. 그래서인지 이 주변 마을 이름도 모두 달과 관련돼 있다. 월남, 월송, 월하, 월평, 월산 등 마을 이름에 모두 달 월月 자를 쓰고 있다.

　우리 가는 밤길을 달빛이 인도한다는 느낌이 이곳에서 유난히 드는 것도 결코 우연이 아닌 것 같다. 오랜 마을의 상징인 450년 된 느티나무도 우리를 반긴다.

3일째 국토종주 마감

　낮이라면 더 아름다운 마을 풍경을 볼 수 있겠지만, 다음에 이 지역을 지나갈 일이 있다면 와보리라고 위로하며 대월마을을 지나 월출산을 향해 걷는다. 송월제 저수지를 지난 곳, 오후 8시 조금 전에, 사방이 산으로 둘러싸인 마을 월송리 사무소 앞에서 드디어 3일째 국토종주를 마감했다.

오늘 걸은 거리는 총 31.5Km이다. 석문공원과 가우도 출렁다리를 본 후에 늦게 오전 10시에 출발했음에도 꽤 긴 거리를 걸었다. 바다를 지나고 산을 넘으며 남도답사 1번지 강진의 찬란한 문화유산과 다양한 명소와 마을을 보며 우리 마음에 무수히 많은 것을 새겼던 하루였다.

차를 타고 월출산 옆을 지나는 13번 국도로 영암군청 소재지로 가서 '궁전본가' 식당에서, 추위 속에 기다리고 기다리던 꿀맛 같은 저녁식사를 하고 내일 펼쳐질 새로운 걷기를 기대하며 잠을 청한다.

잠자리에 드는데 사람길로 국토종주를 하고 있는 뿌듯함이 번져온다. 찻길로만 걷는 지루하고 힘든 국토종주가 아니라 날마다 기대되고 걸을수록 활기가 솟는 국토종주이다. 우리 국토가 주는 때 묻지 않은 자연의 기운과 이 땅에 쌓이고 또 쌓여온 선조들의 멋진 기상과 뜻이 우리를 다시 살아나게 하는 힘이 되고 있다는 사실을 깨닫는 밤이다.

* 걷기를 마치고 먹는 저녁만큼 맛있는 식사는 없다.

관음보살 옷자락을 휘날리던 바람

2회 차, 4일째_1st

27. 인위를 거부한 도량

유난히 자유롭던 4일째 출발

 갯벌에서 서식해 남도의 대표 음식이 된 짱뚱어탕이 오늘의 아침식사다. 아침식사를 할 때면 배식 창구 쪽에 보온 물통이 줄을 선다. 뜨거운 물은 점심 해결에 가장 중요한 수단이다. 1회 때 길에 식당이 없고, 기대도 말아야 한다는 걸 뼈저리게 알았기 때문에 컵라면이나 군용 전투식량으로 점심을 해결해야 하기 때문이다.

* 기본 반찬과 짱뚱어탕

 아침식사를 하고 물을 챙겨서 어제 종료한 지점으로 간다. 차창 밖 오른쪽으로 어젯밤에 올 땐 못 보았던 월출산이 웅장하다. 오늘 저길 오를까, 옆으로 돌아갈까, 단원들은 어떤 선택을 할까 궁금하다.
 아침 8시, 어제의 월송리 입구에 내렸다. 어제는 밤이어서 주변 풍경을 못 보았는데, 산에 둘러싸여 맑

* 아침엔 보온통이 줄을 선다.

고 아늑한 시골 풍경이 무척 아름답다. 오늘은 어제와 달리 날씨까지 투명하고 화창해 기분이 한껏 고조된다. 출발식을 하며 월출산을 넘어갈지 돌아갈지를 단원들께 물어보니 결정을 유보한 몇몇 외엔 거의 반반으로 나뉜다. 각자 더 생각해 보기로 하고, 이제 4일째 국토종주 출발이다.

＊4일째 출발식

다산이 월출산을 보지 말라던 바로 그곳

맑은 공기와 청정한 시골 풍경 하나하나를 음미하며 걷는다. 하늘은 파랗고 바람 한점 없는 화창한 봄날 같은 날씨다. 사람길 국토종주단이 아무 일 없이 즐겁게 땅끝에서 3일 만에 이곳까지 와서 지금 아름다운 자연을 만끽하며 걷고 있다는 사실이 새삼 감사하다.

자연이 축복하는 유난히 깨끗하고 너른 신작로를 차도 없고 사람도 없고 오직 우리만 전세 낸 듯 자유롭게 걷는다. 맑은 공기와 청정한 시골 풍경 하나하나를 음미하며 걷는 이곳이 바로 낙원이 아닌가. 저절로 행복감이

번져온다.

　산에 둘러싸인 마을에서 월각산 자락의 고개(150m)를 넘어 월하리 들을 지나는데 월출산의 뾰족뾰족한 기암 웅봉들이 선경을 대하듯 선명히 마주 보인다. 다산은 월출산 남쪽 아래 마을인 월남마을을 향해 월출산을 보지 말라고 했다. 서울의 도봉산을 닮아 그리움이 사무치기 때문이다. 그런데 우리가 지금 가며 바라보는 방향이 바로 월남마을을 향하고 있다는 것에 짐짓 놀란다.

* 월하리 들에서 보이는 월출산

* 무위사를 향해 월출산을 마주보며 걷는다.

인위를 거부하는 도량

죽전마을 어귀에서 갑자기 넓어진 잘 닦인 오른쪽 무위사로로 들어서서 약한 경사길을 조금 오르니, 드디어 월출산 국립공원 자락이 포근히 감싸고 있는 천년고찰 무위사(신라 617년)가 모습을 드러낸다.

무위사 일주문을 지나고 차분한 계단을 올라 천왕문을 들어서니 정면으로 극락보전이 단정하게 서 있다. 조선 초기 무위사는 '수륙사'로 지정돼 죽은 영혼을 달래주는 수륙재를 행하였던 사찰이었다. 따라서 극락세계를 관장하는 아미타여래를 모신 극락보전이 무위사의 중심 건물이다.

* 월하리 들을 지나 무위사로로 들어서기 전

단청이 다 벗긴 채 건립 때의 모습을 그대로 간직하고 있는 극락보전은 국보 제13호이다. 조선 전기 건축물로 세종 12년(1430)에 지어졌다. 목조 건축물로는 서울 숭례문에 이어 두 번째로 국보로 지정됐다. 숭례문이 불타 새것에 가깝게 복원된 것을 감안하면 원형이 남아 있는 첫 번째 국보 목조

* 무위사가 월출산 자락에 포근히 앉아있다.

건축물인 셈이다.

당시 극락전 건립 공사는 나라의 인정을 받은 고급 기술자들이 참여한 국가적인 사업으로 이루어졌고 효령대군이 공사에 깊이 관여했다. 그럼에도 화려한 구석이 하나도 없다. 단아하고 소박한 건축미로 절제된 아름다움과 기품이 느껴진다. 허세나 치장, 허튼 구석이 없는 모습은 무위사의 '무위'의 뜻과 어울린다. '무위'란 도가道家의 '무위자연'과 통하는 용어로, 인위나 조작이 없는 맨 처음으로 돌아가는 도리, 순연한 진리의 도량임을 내포한다.

* 검박하고 단정한 국보 제13호 극락보전, 허세나 치장, 허튼 구석이 없는 모습에서 절제된 아름다움과 기품이 느껴진다.

벽화에 깃든 전설

원래 극락보전 안엔 벽면을 가득 메우고 총 31점의 벽화가 그려져 있었다. 1955년 벽화 보존을 위해 29점을 해체해 보존각에서 보관하다가 지금은 성보박물관으로 옮겨 전시하고 있다.

지금도 이곳엔 조선시대 벽화 중 가장 오래된 작품으로 조선 초기 불교미술의 극치를 보여주는 아미타여래삼존벽화(성종 1476)가 자리를 지키고 있다. 국보 제313호이다.

*보물 제1312호 아미타삼존좌상과 그 뒤의 국보 제313호 아미타삼존도

그림이 워낙 유명해 전설이 전해온다. 극락보전을 완성한 후 백일기도를 드리고 있던 어느 날, 남루한 차림을 한 노승이 절에 찾아왔다. 그는 법당에 벽화를 그리겠다며 49일 동안 들여다보지 말라고 했다. 그리고는 한 번도 나오지 않아 주지스님이 궁금해 문틈으로 법당 안을 엿보았다.

아, 그 순간…….

파랑새 한 마리가 입에 붓을 물고 그림을 그리다 날아가 버렸다. 불화를 다 그리고 눈동자를 그려 넣으려던 참이었다. 결국 지금도 후불탱화의 관음보살 눈에는 눈동자가 없다.

그런데 전면의 아미타삼존도만 보면 무위사를 헛 간 것이다. 꼭 봐야 할 것이 그 뒷면에 숨어 있는 백의관음도이다. 불화와 또 달리 회화적 요소가 뛰어난 보물 제1314호이다.

관음보살이 산뜻한 흰 옷을 입고 버들가지와 정병을 들고 붉은 연잎에 올라 바다 위 파도를 타고 있다. 어디선가 불어오는 바람에 관음보살의 흰 옷자락이 율동감 있게 휘날리고 있다. 그 바람의 방향이 다름 아닌 우리가 다음 행선지로 갈 백운동 별서정원에서 불어오고 있다.

*보물 제1314호 백의관음도

28. 비밀정원을 찾아

수백여 년 숨겨졌던 비밀정원

월출산 동남 능선 자락의 백운로를 따라 청정 자연을 느끼며 1km쯤 걷다 오른쪽 안운마을로 들어서서 500m쯤 더 가니 마을 뒤쪽에 별서정원 입구가 나타난다. 이곳부터는 분위기가 달라진다.

"천하의 산수 가운데에 풍경이 가장 뛰어난 곳을 골라 조성하면 그만이다. 드나들지 않으면 그곳에 입구가 있음을 결코 눈치 채지 못한다. 이 때문에 예로부터 이곳으로 통하는 길을 찾은 사람은 아무도 없다."

조선의 지식인들에게 널리 읽혔던 황주성이 지은 『장취원기』에 나오는 글이다.

장취원이란 앞으로 살고 싶지만 현실적으로 만들지 못하는 상상 속의 정원이다. 은거하는 자가 즐기고자 한 삶의 공간이지만 허구의 공간인 장취원은 현실을 벗어난 이상향에 대한 갈구를 드러낸 공간이다.

이 상상 속의 정원이 실재하는 공간이라면 어떨까. 별서는 그 같은 인간

* 평범한 마을 뒤에 백운동 원림이 숨겨져 있다.

의 욕구를 실현한 실재 공간이다. 그래서 별서는 세상과 떨어진 곳, 마을과 적절하게 거리를 둔 곳에 있다. 시선을 차단하기 위해 원래 숲속이나 하천을 이용해 터를 잡는다.

오늘 가는 백운동 별서도 입구부터 동백나무와 비자나무의 상록수림이 빽

* 백운동 원림 입구. 이곳에서 숲을 통과해야 원림이 나타난다.

빽하게 안운마을과 차폐되고 있다. 별서 옆을 흐르는 계곡물에 의해 또다시 격리된다. 그러다 보니 이곳에 별서가 있다는 걸 모르는 사람이 찾는 것은 쉽지 않다. 지금도 그런데 수백여 년 세월이 흐르는 동안에 숨겨지고 잊혀졌다.

별서에 반한 다산의 『백운첩』이 없었다면

　백운동 별서는 원래의 모습을 잃고 황폐해졌다. 2001년 백운동의 10대 동주인 이효천 씨가 가보로 지니고 있던 『백운첩』에 의해 다시 세상에 알려지면서 별서는 새로 태어난다.

　다산 정약용이 1812년 가을 어느 날, 제자들과 월출산을 등반하고 이담로의 6대손(백운동 별서의 5대 동주)이자 다산초당의 막내 제자였던 이시헌의 초대로 별서에 와서 하룻밤을 유숙하고 다산초당에 돌아온 뒤 그 아름다운 풍경을 잊을 수 없어 기록으로 남긴 것이 『백운첩』이다.

　다산은 '백운동 12경'을 선정해 13수의 시를 짓고, 제자 초의선사에게 〈백운동도〉를 그리게 해 『백운첩』으로 엮어 당시 백운동의 4대 동주 이덕휘에게 선물했다.

　강진군은 발견된 『백운첩』을 근거로 현재의 백운동 별서 정원을 복원하고 향토문화유산으로 지정하였다. 이후 2019년 3월 7일 국가지정문화재 명승 제115호로 지정되었다. 다산의 시문집에도 없는 『백운첩』이 발견되지 않았다면, 그리고 다산의 기록이 없었다면 백운동 별서 정원은 영원히 사라질 뻔했다는 걸 생각하니 아찔하다.

한국 전통 정원문화의 보고
백운동 원림

2회 차, 4일째_2nd

* 백운동 원림의 여름(강진군청 자료사진)

29. 세계문화유산적 가치

백운사에서 이담로의 별서가 되기까지

　백운동 별서를 만든 이는 조선 중기 원주 이씨 이담로(1627~1712) 처사이다. 원래 연안 이씨 이후백(1520~1578) 집안의 사패지였던 것을 백마 한 필과 맞바꾸어 40대부터 혼자 별서를 조성해 당대부터 명원으로 알려졌다. 말년엔(1692년경) 일고여덟 살이던 둘째 손자를 데리고 들어와 아예 정착했다. 손자 이언길(1684~1767)이 2대 동주가 된 연유이다. 우리가 어제 지나왔던 금당마을의 연당고택이 원래 이담로의 집이고, 그의 할아버지

* 백운동 원림의 여름(강진군청 자료사진)

이담이 금당마을의 입향조이다.

　이담로에 대해서는 6대손 이시헌이 〈가장초기〉에서 "그는 뜻과 행실이 고결하고 과거 공부를 낮게 보아 이를 버리고 월출산 아래 백운동에 별서를 지어 거문고와 서책을 홀로 즐기며 세상을 마쳤다"고 전하고 있다. 이담로는 『백운세수첩』에서 백운동 원림에 대해 소개하면서 고려시대 백운사라는 사찰이 있던 터의 옛 이름을 따서 백운동이라고 정하고 냇가 바위에 새겨 그 그윽함을 기린다고 술회했다.

　실제로 2016년 발굴 조사에서 차를 마시는데 활용한 다양한 완 종류와 발우, 접시, 잔 등 각종의 고려청자와 백자, 고려시대 명문 기와가 다수 출토됐다. 이로써 이곳에 고려시대 상당기간 유지된 사찰이 존재했음이 확인됐다. 그 전 2006년엔 차에 관한 우리나라 최초 전문 서적인 『동다기』(1785년 경 이덕리 저술, 약용에만 쓸 뿐 마실줄 몰랐던 이전의 우리나라 차문화를 국가적 사업과 민생을 위한 마시는 차로 승화시켜 널리 보급의 필요성, 종류, 제다법 등을 알린 귀중한 책) 필사본이 발견돼 우리나라 차문화의 산실로도 평가받는다.

* 이담로가 직접 새긴 '백운동' 암각글

* 입구 쪽 숲속에 '백운동'을 새긴 바위

가장 뛰어난 한국 전통 정원 문화의 보고

결과적으로 백운동 별서는 '다산 정약용, 전통조경, 차문화, 불교문화, 고려청자 등 강진의 모든 역사·문화자원 콘텐츠가 담겨 있는 곳'(이재연 학예연구사)이다. 또한 '백운동 유상곡수는 중국 것들과는 전혀 다른 독창적 디자인으로 부지관류형의 특징'(노재현 한국전통조경학회장)을 갖고 있다.

"백운동 원림은 가장 뛰어난 한국 전통 정원문화의 보고"라고 밝힌 심우경 고려대 명예교수는 유네스코 세계문화유산 등재를 추진해야 한다고 주장한다. 알면 알수록 놀라게 되는 이곳이 하마터면 영원히 사라질뻔 했다는 것에 다시금 가슴을 쓸어내린다.

* 계곡 제4경 홍옥폭 위 다리

* 계곡을 건너 거대바위 제6경 창하벽과 뒤쪽 담장 옆에 심어졌던 제3경 백매오

30. 백운동 별서정원을 걷다

아름다움에 취해 걷다

 백운동 12경을 감상해 보고 싶다. 캄캄할 정도로 우거진 동백숲과 상록수림을 지나니 바위와 계곡이 나타나고 그 너머로 별서정원이 별천지처럼 환히 모습을 드러낸다. 도취해 걷다 보니 이미 제2경을 지나왔다. 입구부터 별서로 들어가는 동백나무 숲의 작은 길이 제2경 산다경이다.

 과거엔 콸콸 물이 흘렀을 계곡(제4경 홍옥폭)은 지금 말라있다. 계곡을 건너면 벽 같은 거대 바위(제6경 창하벽)가 맞아 준다. 다산이 시로 말한다. "틀림없이 바람이 도끼로 깎아, 그 틈으로 비 이끼가 스며든게지" 그러자 초의선사가 바위 위로 드리운 단풍나무(제10경 풍단)를 보고 말한다.

*월출산에서 흘러내린 물이 정원 마당을 한 바퀴 돌아 나가도록 설계된 부지관류형의 제5경 유상곡수

"붉은 기단 가림막이 양편으로 열려 있네, 서산에선 맑은 기운 밀려온다."

바위를 지나 계곡과 담장 사이로 별서 정문을 향해 걷는다. 이담로는 이 담을 따라 홍매화 100그루(제3경 백매오)를 심었다. 그 매화를 보고 다산이 읊는다. "산 빛 어린 속에서 오가노라면, 온통 모두 암향 속에 있는 것 같아" 그러나 지금은 백매화도 없다. 담장 따라 다시 백매화를 심으면 그 옛 풍취를 살릴 수 있을 것 같다.

걸어가며 보니 계곡 물이 별서정원 안에서 담 밑으로 나오고 있다. 이담로는 월출산에서 흘러내린 물을 정원 마당으로 끌어와 한 바퀴 돌아 나가도록(제5경 유상곡수) 설계했다.

우리나라 민간 정원에 유상곡수가 남아 있는 곳은 이곳뿐이라고 한다. 월출산에서 흘러내린 물이 정원을 한 바퀴 돌아 나가도록 설계된 부지관류형의 잔을 띄워 보낼 수 있는 물길이다.

"담장 뚫고 여섯 굽이 흐르는 물이, 고개 돌려 담장 밖을 다시 나간다."라며 다산은 이곳에 온 손님들과 편히 앉아 술잔을 띄웠다고 적었다. 정주 님은 한잔 하지도 않았는데 경치에 취해 '나 여기 있을래' 하는 양 연못 가의 멋드러진 나무를 연신 끌어안는다.

정원 마당 앞의 낮은 담 너머로 언덕 위의 정자가 보인다. 이번엔 초의선사가 언덕에 올라 시를 쓴다. "해묵은 관목들도 그윽하여라, 장취원이 한가로운 근심 품을 듯"(제11경 정선대) 상상 속의 정원 장취원에 빗댄다. 다산도 초의선사를 따라 정선대를 지나 아까 들어올 때의 창하벽 위에까지 올라 별서정원을 내려다본다. "천 길 되는 붉은 비늘 나무가 있어, 빈 산에 고요히 그림자 길다."(제7경 정유강) 200년 전 이 언덕에서 다산이 보았던 키

＊제11경 정선대. 같은 언덕 끝쪽에 제7경이 있다.

＊제11경 언덕에서 바라본 정원 마당

큰 붉은 소나무가 지금도 그대로 있는지 이곳에 갈 분이라면 찾아보는 것도 여행의 묘미일 것이다.

별서 안쪽 단 위엔 작은 초가가 하나 있다. 다산이 이곳에서 자고 시를 지었을 것이

* 제9경, 다산이 상기된 잠을 청했을 취미산방

다. "담장과 선돌 빛깔 한 줄 흔적이, 푸르른 산 빛을 점찍어 깬다." 산허리에 있는 꾸밈없고 고즈넉한 작은 방(제9경 취미산방)이다. 그 취미산방 아래 자그마한 텃밭엔 모란이 흐드러지게 피어 있었나 보다.(제8경 모란채)

제1경과 제12경이 만나는 곳

별서의 정문 반대편 후원 출구를 나서니 하늘을 찌른 왕대나무 숲이 울창하다. 이번엔 다산의 제자 윤동이 읊는다. "그대 백운동의 운당원을 못 보았나, 깎은 옥이 빽빽하게 구름 뿌릴 뚫었다네"(제12경 운당원) 탐방로를 따라 대숲 안으로 들어간다.

밖이 보이지 않는 빽빽한 대숲 사이를 미로 숨바꼭질하듯 걷는다. 쏴악 쏴악 댓잎 소리가 마음을 씻어낸다.

탐방로는 계속 밑으로 내려간다. 밖의 풍경이 보이지 않아 어디로 가는지도 알 수 없다. 그러다 갑자기 확 밝아진다. 아까 나온 후문 바로 밑이다.

계속 이 길 따라 300m쯤 더 내려가면 안운제 저수지가 나온다. 다산이 월출산 옥판봉을 올려다보았을 바로 그곳이다. 숲에 싸인 호수와 그 위의

* 제12경 운당원 속에서

암봉이 어울린 풍경이 탄성을 자아낸다. 이곳에서 바라본 옥판봉을 제1경으로 삼을 수밖에 없었을 것이다.

"빙 둘러선 뭇 봉오리 고운 빛깔이 목을 길게 빼고서 나를 보는 듯, 뭇 신

* 운당원 탐방로 출구, 계속 내려가면 제1경에 갈 수 있다.

선 티끌 먼지 깨끗이 씻고 단정하게 옥홀을 들고 섰는 듯 … 산인은 산 위로 오르지 않고 가만 앉아 마음이 고요하네."

* 제1경 옥판봉

　신선이 옷에 티끌 먼지를 깨끗이 씻고 옥홀을 들고 선 모양의 옥판봉과 호수의 조화에 마음을 빼앗겼다. 수백 년 세월을 고요히 숨죽인 채 월출산을 품고 있는 안운제에게도 고개를 숙이게 된다. 사랑하는 사람과 둘만 나눌 비밀 장소로 추천하고 싶은 곳이다.
　2월에도 이렇게 운치 있으니 다산과 제자들이 왔던 가을에 와 보면 얼마나 좋을까.
　12경을 모두 둘러보고 아까 입구 쪽 숲속으로 다시 나왔다. 이담로가 쓴 '백운동' 암각 글 바위 앞에서 글자가 잘 보이게 단체 사진을 찍고 백운동 원림과 작별을 한다.
　원림 담을 끼고 북쪽으로 더 가니 숲을 벗어난 언덕 위에 묘가 있다. 별서가 내려다 보이는 곳에 별서의 영원한 지기 이담로 처사가 잠들어 있다.

우리나라 차문화의 뿌리

2회 차, 4일째_3rd

31. 월출산 밑 별천지 설록다원

끝이 안보이는 푸른 차밭

별서 터 고개를 넘어가는 순간 갑자기 눈 앞에 초록 차 밭이 시원하게 펼쳐진다. 이곳이 어디인가. 상상 속에나 있을 법한 '무릉 다원'인가!

월출산 암봉들이 거대하게 일어선 바로 밑에 끝이 안 보이는 푸른 차밭 언덕이 선계의 경지를 만들어 놓고 있다.

설록 강진다원이다. 설록차로 우리나라 차 문화를 부흥시킨 창업자 장원 서성환의 아모래퍼시픽이 조성한 4곳의 차 재배지 중 가장 먼저(1981년) 만들어진 곳이다. 10만여 평으로 단일 다원으로는 제주 다음가는 규모이다. 보성, 하동과 함께 우리나라 3대 차 산지인 강진을 대표하는 곳이다.

* 월출산 기슭의 설록 강진다원

차의 전통 이어온 곳

강진은 야생 차밭이 곳곳에 있는 야생차 산지로 유명한데, 특히 이곳은 해방 전까지 국내 최초의 녹차 제품인 백운옥판차라는 전차를 생산하던 차산지였다. 더 전에는 월출산 주변의 여러 사찰을 중심으로 차나무가 재배되었던 곳이다.

월출산의 차는 적당한 습도와 주야간 온도차가 크고 안개가 많아 차의 떫은맛이 적고 향이 강한 것이 특징이다. 특히 근처의 고려시대 백운사와, 그 뒤를 이은 백운동이 차문화의 산실로서 역할했고 다산 정약용, 초의선사의 영향으로 녹차를 애호하는 문인 선비들의 전통사상이 이어지며 차 문화가 굳게 뿌리내려온 곳이다. 이곳은 재배 조건으로나 전통으로나 차를 빼놓고는 어떤 말도 할 수 없는 곳인 셈이다.

*끝이 안보이는 차밭에 월출산 기암봉이 어우러져 신비하고 장쾌한 경관을 연출하는 강진 다원

32. 우리나라 차문화의 뿌리

우리나라 차의 역사

　차밭에 온 김에 우리나라 차의 역사를 잠시 생각해 본다. 우리나라의 차 문화는 기록상으로 신라시대부터 시작됐다. '삼국유사'에는 신라 문무왕이 가야의 시조 김수로 왕의 제사에 차를 올렸다는 기록이 있다. 이후 고려시대에 널리 민중의 사랑을 받았다. 조선시대에 들어와 억불정책과 함께 쇠퇴했다가 조선 후기에 접어들면서 다시 대중적인 날개를 펴기 시작한다.

　그 중심에 다산 정약용이 있다. 우리나라의 차 문화는 선구자이자 중흥주인 정약용에서 추사 김정희, 그리고 초의선사로 이어져 정립된다. 이들이 조선 후기 차 중흥기를 이끈 3인방이다.

　다산은 스물한 살 때 이미 차에 대한 시를 썼을 만큼 강진 유배 전부터 차를 즐겨 마셨고 이론이나 지식이 확립돼 있던 다인이었다. 그러다 강진 유배 이후 치료의 목적이 더해져 본격적으로 차를 마셨다. 정약용이 아암 혜장에게 보낸, 차를 청하는 편지인 〈걸명소〉에서 보듯, 노동의 시와 육우(중국 다도의 시조)의 다경 등 다산은 차에 대한 해박한 지식뿐 아니라 깊은 다도의 경지에 있음을 알 수 있다. 다산은 다인으로 차를 직접 제다했을 뿐만 아니라 주민들에게 제다법을 가르쳐주기도 했다. 해배돼 강진을 떠날 때 제자들에게 차를 만들어 마시며 신의를 지켜나가도록 '다신계'를 만들었을 정도다.

　오늘날 다성으로 추앙받는 초의선사도 처음에 다산에게 차를 배웠다. 다산과 초의가 만나게 된 연유에 대해서는 언급을 해야 될 것 같다.

유네스코 세계유산이자 서산대사로 대표되는 한국 불교의 호국 신앙을 상징하는 해남 대흥사는 대대로 학문하는 스님을 끊임없이 배출했는데 초의선사와 혜장선사도 이곳 출신이다. 다산의 강진 유배시절 다산과 절친이 된 혜장선사가 그의 제자인 초의선사를 소개해 줄 수 있었던 연유이다.

초의가 다산초당을 처음 찾은 것은 1809년이었다. 당시 다산이 48세, 초의가 24세였다. 초의는 15세 때 출가한 이후 근 9년 가까이 영호남을 주유하며 선지식을 찾아 탐구했다. 결과는 실망스러웠다. 대단하다는 명성을 듣고 찾아가 보면 모두 가짜였다. 그러던 그가 다산을 만나 급속도로 그 학문과 인품에 빨려 들어가는 과정은 초의의 시집 속에 너무도 생생하게 그려져 있다. 아암 혜장이 세상을 떠난 후 초의는 다산을 스승으로 모시며 유학과 시문을 배워 실학사상을 계승했다.

차 중흥을 이끈 3인과 다성 초의선사

정약용이 해배가 되어 고향으로 돌아간 후에도 교류는 지속되었다. 초의는 한양을 방문할 때면 늘 지금의 경기도 남양주에 있는 수종사에 머물렀다. 수종사 인근 마현마을에는 그의 평생 스승 정약용과 아들 정학연이 살고 있었다. 초의와 다산은 사상적으로 유·불·선에 대한 폭넓은 교류와 우리 차에 대한 제배 및 제다, 행다 등 다양한 논의를 함께하는 평생의 지기였다.

초의는 정학연에게서 평소 다산을 존경하고 따르던 추사 김정희를 소개받는다. 이후 동갑내기인 초의와 추사는 평생의 지기가 되어 서로에게 영향을 주고받는다. 추사의 제주도 유배 시절 초의는 추사를 만나기 위해 여러 차례 제주를 찾았다. 이때 초의가 제주에서 처음 차 재배를 시도한 것은 오늘날 제주가 최고의 차 산지가 된 바탕이 되었다.

이렇게 연결된 3인은 평생 돈독한 우정을 나누며 실용 학문을 꽃피우고 차의 중흥을 이끌었다. 이 세 사람이 시간의 차이는 있지만 같은 시대에 만나지 않았다면 우리나라 차의 중흥도, 다성 초의선사도 우리가 만날 수 없었을지 모른다.

초의선사가 당시 불교계가 선 일변도로 흐르고 있던 사조에 반해 현실적이고 일상적인 생활 속에서 진리를 구현하려고 노력하고 '선다일치'를 주장하였던 점은 실학의 대가 다산과 실사구시를 주장한 추사와의 교류에서 영향받았다고 할 수 있다. 실용학문의 결과 초의는 장 담그는 법, 화초 기르는 법, 단방약 등에도 능했고, 차밭을 일구고, 종자를 개발하고, 차를 직접 만들고, 차와 관련된 많은 저서를 남겼다. 편저인 『다신전』과 우리나라의 다경인 『동다송』을 비롯해 차에 관한 수많은 저술을 통해 다도의 이론을 확립했고, 우리나라 '다도'를 정립하여 '시서화다사절詩書畵茶四絶'이라고 불렸다. 이론과 실제를 생활화함으로써 우리나라 전통 차문화를 꽃피울 수 있었던 것이다.

새 장소의 주인공

월출산의 기암봉들이 초록 차밭 지평선에 맞물려 연출하는 형언할 수 없는 아름다운 경관이 신의 들처럼 느껴진다. 신의 뜨락이 연상되니, 내용은 아무 상관없어도 옛날 감명깊게 보았던 'At play in the fields of the Lord'(1991)가 갑자기 생각난다.

우린 정말로 신의 뜰에서 놀기 시작했다. 차밭에 들어가 너도 나도 모델이 된다. 그러고 보니 해남에서 출발해 지금까지 가는 곳마다 새로운 감흥을 주는 곳이었고, 그곳마다의 감성에 흠뻑 빠진 우리는 어김없이 새 장소의 주인공이 되었다. 이것이 도보 사람길 국토종주가 주는 최고의 선물인 것 같다.

* 너도나도 모델이 되어 본다.

* 강진다원을 나오며

우리 전통차의 맥을 잇다

2회 차, 4일째_4th

33. 우리 전통차의 계보 '독립의 차'

다부 이한영 생가

 강진다원을 나와 왼쪽 월출산 방향으로 가니 월남사지 50m쯤 전, 길 왼쪽에 '이한영 차 문화원'이 나온다. 국내 최초의 녹차 제품인 백운옥판차를 만든 다부 이한영 선생의 생가가 있는 곳이다. 생가는 백운옥판차가 제작, 포장, 판매되었던 의미 있는 장소이다.

 1890년경부터 백운동의 야생 찻잎으로 차를 제작해 상품화했던 이한영은 평생 차와 함께했던, 다산과 초의로 이어지는 우리나라 차 역사의 맥을 잇는 분이다. 우리나라에서 나는 차가 일본 차로 둔갑하는 현실에 안타까움을 느끼고, 우리 전통차임을 강조하기 위해 백운동의 옥판봉에서 딴 차로 만들었다는 뜻의 백운옥판차로 이름 지었다.

우리 전통차의 계보 '독립의 차'

 강진군은 일제 강점기에 우리 차의 정체성을 지키고 '독립의 차'를 만들며 맥을 이어 온 이한영의 다도와 민족의식을 기리기 위해 2010년 생가를 원형 그대로 복원했다. 생가 앞엔 차 문화원이 있어 이한영 선생의 직계 후손인 이현정 원장이 직접 운영하면서 백운옥판차 판매와 떡차 만들기 체험도 진행하고 있다.

 떡차는 다산이 마셨던 차였다. 1830년 다산이 제자 이시헌에게 보낸 편지에 떡차 만드는 방법이 자세하게 나온다. 삼증삼쇄, 즉 찻잎을 세 번 찌고 세 번 말려 곱게 빻아 가루를 낸 후, 돌샘물에 반죽해서 진흙처럼 짓이

겨 작은 크기로 떡처럼 뭉쳐 만든다. 다산차는 찻잎을 쪄서 말리는 과정을 여러 차례 반복해서 차의 독성을 중화시키고, 가는 분말로 빻아 반죽해서 말린 떡차였다.

* 이한영 선생 생가

갑자기 이한영 선생이 백운동 별서정원을 만든 이담로 처사와 어떤 관계일까 궁금해진다. 이한영 선생은 원주 이씨 29대 손으로, 이담로의 대를 이은 백운동 5대 동주 이시헌의 후손이다.

특히 다산 정약용은 제자였던 이시헌에게 떡차 만드는 법을 알려주었고, 해배돼 남양주 집으로 돌아간 뒤에도 백운동에서 부쳐온 차를 받아서 먹었다. 이러한 인연으로 다산의 제다법이 이한영에게 전해졌고, 일제강점기에 우리나라 전통 차의 맥을 이어갈 수 있었던 것이다. 백운동이 좋은 차를 생산하고 우리나라 전통차의 계보를 잇는 차 산지인 이유이다.

카카오 맵에 펜션은 다 표시되면서 우리나라 전통차의 계보를 잇는 이처럼 중요한 이한영 생가가 전혀 표시가 안돼 있다는 것은 잘 이해되지 않는다. 우리가 우리의 전통과 얼마나 떨어져 살고 있는지를 상징적으로 말해준다.

34. 점심 후 두 팀으로

과분한 점심 장소

우리는 이한영 차 문화원 앞의 운치 있는 데크 벤치에서 잠시 쉰 뒤 허락을 구하고 뒤쪽 이한영 생가 마당의 너른 평상 위에 일찍 점심 자리를 폈다. 중천에 뜬 태양의 따뜻한 볕이 마당에 쏟아지는 오전 11시이다. 월출산행을 앞두고 있기 때문에 조금 이른 점심이다.

간소한 컵라면과 전투식량이 주 음식일 뿐인데 왜 이리도 점심이 맛있고 이 시간이 행복할까. 모두 점심을 꺼낸 중에 컵라면 식의 즉석 떡국과 즉석 누룽지까지 있

*이한영 생가 마당 평상에서 점심 후 뒷정리

다는 건 처음 알았다. 전통 다인의 생가에서 전해져 오는 기운과 햇볕 가득 든 아늑한 마당은 지금 생각해도 걷다가 먹는 점심 장소로서 과분할 만큼 최고였다.

거대했던 사찰 터 월남사지

이한영 생가를 나와 월남사지를 지나는데, 오른쪽 월남사지 삼층석탑이 있는 저쪽에 가림막을 해 놓고 공사가 한창이다. 석탑은 보물 제298호로

고려시대에 만들어진 백제계의 불탑인데 붕괴 위험이 있어 문화재청이 전면 해체 보수공사를 결정했다.(지금은 2020년 2월에 공사 완료 이후 일반에 공개돼 있다.)

길 바로 옆엔 월남사지 진각국사비가 서 있다. 역시 보물 제313호로 월남사를 세운 진각국사를 추모하기 위해 고려 고종 때 세워졌다. 월남사는 당시에 거대한 사찰이었으나 임진왜란 때 불타 없어진 것으로 추정되고 있다. 훼손된 우리 문화재의 상당수가 일본에 의해 저질러진 것을 생각하면 이래저래 일본은 오랜 동안, 지금까지도 우리나라에 나쁜 짓을 너무 많이 했다.

두 팀으로 나뉘다

월남사지가 있는 3거리에서 우린 최종 결정을 했다. 월출산 정상을 넘어 직진할 등정 팀과 월출산 기슭의 누릿재로 돌아갈 둘레길 팀을 자유롭게 선택했는데 정확히 6명씩 2팀으로 나뉘었다.

여기부터 영암군 한국병원까지 약 11km는 서로 이별이다.

＊둘레길팀

＊등정팀

이리도 순연한 땅이

영암 편

월출산 & 누릿재

2회 차, 4일째_5th

01. 월출산 & 누릿재

둘레길팀은 누릿재를 넘어라

둘레길팀은 누릿재를 넘는 길이다. 누릿재는 언덕에 풀밭이 많아 가을에 누런색을 띤다고 해서 누릿재, 노릿재, 황치黃峙로도 불렸다.

누릿재는 월출산 줄기가 동쪽으로 곧장 뻗어 강진과 영암을 나누는 경계에 위치한다. 이로인해 강진군·해남군 등지에서 서울로 가려면 누구나 넘어야 하는 중요한 길목이었다. 지금은 옆 불티재 쪽으로 도로가 개통돼 역사문화탐방로로 이용되지만 과거엔 남도 해안지방과 내륙지방을 이어주어 해산물과 곡물의 물류가 이동하는 통로이자 교통 요충지였다.

다산이 울음을 삼키며 넘던 고개

삼남길(전라도, 충청도, 경기도 3남 지방을 관통하는 조선시대 대로, 현 Korea Trail)도 이곳을 지난다. 선비들이 한양으로 과거 시험을 보러 넘는 꿈의 길이었고, 거꾸로 유배길에 남도나 제주도로 가기 위해 넘어야 하는 슬픔의 길이기도 했다.

*옛날 서울 가는 삼남대로 답게 평탄한 누릿재길

다산 정약용도 이 고개를 넘었다. 형 정약전과 나주 율정에서 이승에서의 마지막 밤을 보낸 후 다음날 강진으로 가기 위해 홀로 이 고개를 넘으려니 눈물이 자꾸만 솟구쳤다.

누릿재 고갯마루에 바위가 우뚝한데(樓犁嶺上石漸漸)
길손이 눈물 뿌려 사시사철 젖어있다(長得行人淚漉沾)
월남 마을을 향하여 월출산을 보지마소(莫向月南瞻月出)
봉마다 모두가 서울의 도봉산 같구나!(峰峰都似道峰尖)
　　　　　　　　　　　　　　　-〈탐진촌요(耽津村謠) 제1수〉 다산 정약용

휘파람이 절로 나는 기찬묏길 숲길

*고려시대 영암 성풍사지오층석탑

　누릿재를 경계로 영암으로 들어서면 사자저수지와 기찬묏길로 이어진다. 사자저수지 부근에 누릿재 폭포가 있고, 월출산 정상으로 오르는 천황탐방지원센터와 월출산 명물인 구름다리, 천황사, 칠치 폭포가 있어 많은 사람이 찾는 곳이다.

　사자저수지를 지나 월출산 조각공원 앞 주차장 쪽에서 월출산 기슭의 아름다운 기찬묏길 숲길을 만난다. 기찬묏길이란 이름은 월출산의 강력한 기를 받을 수 있어서 붙여진 이름이다.

　기찬묏길은 휘파람이 절로 나는 호젓한 숲길 따라 친자연 기웰빙 산책로가 펼쳐지고 호수와 물, 바람, 맥반석이 조화를 이룬 피톤치드 숲길을 걷는다.

* 사자저수지

* 기찬묏길

등정팀은 월출산을 넘어라

등정팀은 직진해 월출산 정상으로 향한다. 월출산은 남도의 구릉과 벌판에서 느닷없이 화강암 덩어리가 치솟은 수수께끼 같은 산이다.

조선시대 『택리지』에서 "월출산은 아침 하늘에 불꽃처럼 기를 내뿜은 기상을 지녔다"고 했을 만큼 정기가 아주 큰 산이다. 설악산, 청송 주왕산과 함께 우리나라 3대 암산으로 꼽힌다.

비경의 골짜기 금릉경포대

나는 등정팀이다. 둘레길 팀과 작별하고 월출산과 함께 국립공원으로 지정돼 있는 금릉경포대 계곡 쪽으로 오른다.

바로 위가 월출산의 여러 계곡 중에서 가장 아름답다는 금릉경포대 계곡이다. 월출산 천황봉과 구정봉에서 발원해 남쪽으로 흘러내리는 이 비경의 골짜기는 길이 2km에 이르며, 크고 작은 바위들 사이를 맑은 물이 굽이치며 곡류와 폭포수를 빚어내고 있는 선경 지대다. 계곡물이 차디차서 피서지로 좋고, 북쪽에 월출산, 남쪽에 구강포와 바다, 평야 등 모든 자연을 만끽할 수 있는 선택받은 곳으로 강진 땅이 간직하고 있는 또 하나의 명승지라고 할 수 있다.

*국립공원 월출산 경포대 탐방로 입구

월출산 능선 위에서 강진과 작별

　시간을 다투기 때문에 계곡에 쉬어 갈 수는 없다. 금세 통천문 앞 종주 능선에 도착했다. 이 능선 밑으로 군 경계선이 지나고 있어 바로 이곳이 그동안 정들었던 강진군과 작별하는 지점이다. 이제부터 가는 길은 영암군에 속한다고 생각하니 그동안 강진을 도보로 완주한 뿌듯함과 떠나는 아쉬움이 동시에 느껴진다.

　이곳부터 수직에 가까운 철계단을 오르면서 돌아보니, 눈앞에 사자봉, 시루봉, 장군봉 등 대여섯 개의 암봉들이 우람하게 펼쳐지고 양 옆으로는 영암군과 강진군의 들판이 훤히 내려다 보인다. 산 위 능선의 깎아지른 계단 위라 바람은 세차게 불지만 최고의 경관에 탄성이 난다.

＊수직 철계단을 오른다.

장쾌한 전망에 감기 복병이

뒤따르고 있는 혁이의 사진을 찍어주려고 보니, 앗! 계단을 오르고 있는 혁이 표정이 안 좋다. 2회 국토종주를 올 때 늦게 근무를 끝내고 기차로 목포에 오기 위해 찜질방에서 잠시 눈을 붙인 탓인지 피로가 겹쳤나 보다. 목감기와 두통, 탈수 증상으로 몸에 땀이 가득하다. 어제부터 애써 참고 있던 감기 기운이 등산하면서 힘을 쓰고 세찬 바람까지 맞아 도진 것 같다. 큰일이다.

그러나 막상 본인은 행여나 일행들에게 피해를 줄까 괜찮다며 애써 참는다. 혁이는 나와도 숱하게 상급 난이도의 산을 다녔지만 어떤 악조건에서도 힘들다는 내색을 해본 적이 없다. 천성인지, ROTC 대위 출신이어서 단련된 건지 체력도 체력이지만 불굴의 참을성이 몸에 배어 있다. 갖고 있던 비상약 종합감기약을 건네는 것 외엔 이젠 혁이를 믿는 수밖에 없다.

* 감기가 심해오지만 화이팅을 한다.

02. 월출산의 자연 속으로

통천문 지나 천황봉 정상으로

조금 더 올라 통천문 삼거리를 지나 드디어 정상 100m 전 '하늘로 통하는 문'인 통천문 앞이다.

월출산은 백악기의 화강암으로 이루어져 산 전체가 크고 작은 바위 덩어리로 이루어진 기암괴석의 전시장이다. 화강암은 땅속 수 ㎞의 깊은 곳에서 마그마가 굳어져서 만들어지는데, 지표면에 이렇게 높은 암봉을 이루는 것은 흔치 않은 일이다. 동서남북 어디에서 보더라도 균형과 개성이 뚜렷한 한 폭의 산수화 같은 남도의 금강산이다.

*통천문

그런데 땅속에서 형성된 화강암이 지표면에 노출되면 형성 당시와 달라진 환경과 조건으로 불안정해져 풍화작용이 일어나고, 하중의 압력에서 벗어나므로 절리가 발생한다.

통천문도 그렇게 만들어졌다. 수직 절리가 점차 풍화되면서 약한 부분이 제거되고 틈이 넓어져 양쪽 굴이 뚫려 월출산 정상 천황봉으로 가는 유일한 통로 문이 된 것이다. 통천문은 높이 3.5m, 폭 1m 정도인데 아래 부분은 한 사람만 겨우 통과할 수 있을 정도로 좁고 길이가 약 5m나 된다.

하늘과 땅 사이

통천문을 한 사람 한 사람 통과해 깎아지른 암벽을 올라 드디어 너른 천황봉 정상이다. 사방이 360도 열려 거칠 것이 없다. 우리가 갈 영암과 나주까지 드넓은 남도의 평야지대가 시야에 들어오고 우리가 지나온 강진의 정겨운 땅도 한눈에 보인다.

평야지대에 우뚝 솟은 산이라 끝이 안 보이는 지평선이 펼쳐진다. 지평선의 저 끝은 하늘인지 땅인지 바다인지 분간이 안될 만큼 모두가 하나가 돼 있다. 하늘과 땅 사이엔 크고 넓은 호연지기만 가득 차 있을 뿐이다. 지지고 볶는 세상사에서 한 걸음 물러서서 더 큰 삶의 목표와 현재 자신의 위치를 돌아보고 싶다면 누구든 산에 한번 올라볼 일이다.

*통천문 지나 정상 직전. 뒤로 영암 땅이 보인다.

월출산 정상

기암괴석의 전시장

정상을 내려와 영암군 쪽으로 하산하는 산성대 능선길은 월출산 안의 기암괴석의 체험장 같다. 바위 능선 위로 아슬아슬 매달린 철제 계단이 비경의 경연장으로 안내한다.

하산길에 올라오는 한 부부를 만났다. 부부는 매년 매 계절 월출산을 보러 온다며 월출산은 언제 봐도 좋다고 하신다. 정말 서울의 북한산, 도봉산, 불암산을 합해 놓은 듯한 세계적 명산임에 손색없다는 생각이 든다. 산성대를 지나 월출산 허리 밑으로 내려와도 여전히 기암들이 선보이는 경치가 우람하다.

*영암 한국병원 쪽 하산길은 암봉을 철계단을 타고 넘는 아슬아슬함 속의 비경이 펼쳐진다.

체력이 만든 간식 사랑

하산이 얼마 안 남은 지점에 이르러 비경이 연출되는 너럭바위 위에서 쉬고 있는데, 현이는 아직도 간식거리를 꺼낸다. 배낭을 빵빵하게 채워놓고 산행 내내 간식을 책임지고 끊임없이 간식을 꺼내 주는 마음과 그것이 가능한 체력이 놀랍다. 그런 체력 때문인지 현은 나중에 나와 혁과 함께 지리산 종주에도 합류해 10kg짜리 비박 배낭을 메고 하루 30km의 고된 능선 행군을 소화할 수 있었던 것 같다.

4km 능선길을 내려와 드디어 산성대 입구 기체육 공원에 도착했다. 온몸이 너무 상쾌하다. 혁이도 감기약을 먹어서인지, 등산길에 땀을 흠뻑 흘려서인지 많이 나아졌다며 몸이 상쾌하다고 좋아한다. 정말 다행이다.

* 잠시 쉬었던 너럭바위, 거의 내려왔는데도 기암의 웅장함이 여전하다.

다시 한 팀으로

오후 3시 40분경 영암 한국병원에 도착하니 둘레길 팀이 와 있다. 단 4시간만 팀을 나눠 따로 걸은 건데도 다시 만났다고 왜 이리 반가운지. 이곳은 서울에서 천리길, 머나먼 이역 땅에서 서로를 의지해 같이 걷는 동지이다 보니 반가움이 더하는 것 같다.

"길이 어땠어요?"

"아, 너무 좋았어요. 호수가 그렇게 맑고 거기서 비친 월출산과 숲길 모두 최고였어요."

그 좋은 곳을 같이 못 걸은 아쉬운 마음이 배어 나온다. 우리 역시 마찬가지다. 너무 좋았던 길을 같이 못 걸어서 아쉽다. 아쉽다는 건 같이 하고 싶은 마음이다. 그렇게 같이 걷고 싶은 마음으로 다시 한 팀이 되었다.

국토 곳곳에 스민 역사의 자리들

2회 차, 4일째_6th

*옛 덕진교

*수성사와 뒷쪽 옛 골목길의 고목

03. 국토 곳곳에 스민 역사의 자리들

영암의 정신적 지주 수성사

　병원 앞 영암로를 건너 영암 수성사 골목으로 들어섰다. 수성사는 조선 중기(중종 1538)에 세워진 전직 관리, 학자들의 청유장이면서 지역 원로회의의 역할을 해온 곳이다. 480여 년의 전통을 내려오며 지역의 정신적 지주 역할을 해온 영암군의 자랑이다. 일제 때 조선 시대 관아의 제사처이던 부군당 자리로 이전해 지금에 이르고 있다.

　2012년엔 경내에 단군전이 준공되어 매년 10월 개천절에 단군제를 봉행하고 있다. 청유장과 제사처의 유산이 단군제까지 이어오는 것을 보며,

우리가 알든 모르든 수백 년이 지나도 우리 땅에 면면히 살아 숨 쉬고 있는 역사의 숨결을 느낀다.

골목길을 따라 수성사 뒤쪽으로 가니 양 옆으로 돌담이 쌓인 좁은 골목길에, 수성사 경내에서 골목까지 가지를 뻗는 큰 고목들이 어우러져 이색적인 옛스러움이 골목 전체에 풍긴다. 수백 년 골목길의 향기에 취해본다.

현대 도시와 옛 자연부락의 공존

영암군청 앞을 지나자마자 서남마을 뒤의 자연길로 들어섰다. 군청에서 500m도 안 되는 곳에 서남마을이 있고, 그 뒤쪽의 자연길을 따라 조금 더 가면 또 장서동 마을이 나온다. 현대 도시 속에 옛 자연부락이 어우러지며 새것과 옛 것이 자연스레 공존하고 있는 모습을 보니 참 아름답고 다행이라는 생각이 든다. 현대 도시와 옛 자연부락의 공존 모델을 영암군 소재지가 상징적으로 보여주는 것만 같다.

물론 크지 않은 지역 군소재지에서 새것과 옛 것의 공존은 자연스러운 모습일 수 있다. 그러나 내 눈에 이 모습이 소중히 보이는 것은 고풍스러운 건물과 골목들이 더욱 격조를 높이는 유럽이나 북미 등 서양과 달리 우리나라는 급속한 도시화 과정 속에서 많은 옛 건물과 마을들이 낡은 것으로 치부돼 고려 없이 사라지곤 했기 때문이다.

편리성보다 다양성

옛 모습을 잃는다는 것은 단지 겉모습만이 아니라 우리만의 색과 전통을 동시에 잃는 것이기 때문에 발전이나 도시화의 문제를 다룰 때 반드시 염

영암군청 지나 서남마을 뒤 자연길

두에 둘 부분이 옛 것을 어떻게 보존할 것인가를 먼저 고민하는 것이다.

현재의 편리성 만으론 삶의 다양성과 인간의 모든 감성을 담아낼 수 없다. 인간은 단지 현재에만 존재하지 않는다. 우리는 옛 것을 보고 향수에 젖고, 과거와 현재를 관통하는 긴 시간의 흐름 속에서 다양한 삶의 모습을 통찰하므로 더 많은 것을 느끼고, 생각하고, 얻는다. 이것이 생존만이 지상목표인 동물들과 다른 인간의 모습이다. '고색창연'한 도시란 호칭은 옛 것이 존중받을 때 얻을 수 있는 값진 명예임을 느낀다.

변화 현장은 국토종주의 남다른 경험

자연길에서 나오니 넓게 갈아놓은 땅이 나온다. 그 한복판으로 걸어간다. 3만 5천 평 규모의 영암식품특화농공단지 부지이다. 지금은 공사가 완공돼 지역 식품기업과 공장이 입주한 지역경제의 중추가 되어 있다.

여행이든 업무든 우리가 평소에 가는 곳은 항상 완성된 모습의 장소를 찾아가는 것이다. 그와 달리 국토종주를 하다 보면 이렇게 끊임없이 변화하고 있는 향토의 모습과 지역의 살아 있는 역사의 현장을 날것 그대로 보게 된다. 국토종주가 주는 또 하나의 남다른 경험이다.

*허허벌판이던 이곳에 지금은 영암식품특화농공단지가 들어서 영암 지역경제의 중추가 되고 있다.

04. 모르고 건넌 통일신라 때 다리

특별했던 옛 징검다리

빈 벌판을 지나 영암천을 만나 우회전해 덕진교를 건너려고 가는데 영암천에 큰 징검다리가 보인다. 편하게 건널 수 있는 다리보다 우리에겐 징검다리가 좋다. 그런데 일부러 요즘 많이 놓는 반듯한 인위적인 징검다리가 아니라 자연하천의 자연보처럼 생긴 옛 징검다리이다. 징검다리로 내려가는 길도 따로 없다.

길 없는 수풀이 우거진 제방을 내려서서 영암천을 건넌다. 징검다리에 서는 것만으로도 물소리, 갈대를 흔드는 바람, 서녘에 기운 햇살을 영암군 시내 한가운데서도 느낄 수 있다.

이렇게 걷는 것이 우리가 원하는 국토종주이다. 차가 아닌 사람이 주인이 되는 사람길, 자연길을 따라 휴전선에 막힌 최북단 고성까지 걸어가는 게 우리가 갈 길이다.

* 길없는 제방 비탈을 내려간다.

* '옛 징검다리'(?)를 건넌다.

옛 통일신라 때 징검다리 '덕진교'의 사연

건너편 제방을 올라서니 바로 덕송재가 나타난다. 징검다리 바로 위 제방에 붙어 있는 낯선 재각에 궁금증이 생긴다.

통일신라 때 이 영암천변에서 주막집을 운영하던 덕진이라는 여인이 있었다. 당시 이 지역은 한양으로 올라가는 삼남길이 지나는 곳으로 사람의 왕래가 많았다. 그러나 강에 다리가 없어 건널 때마다 봇짐을 풀고 신발을 벗고 건너는 등 불편을 겪었다. 장마철엔 강물이 불어 목숨마저 위협했다.

이를 안타깝게 여긴 덕진 여인은 땅속 항아리에 한 푼 두 푼 돈을 모으기 시작했다. 다리를 만들어야겠다고 결심했기 때문이다. 그러다 원인 모를 병에 걸려 갑자기 세상을 뜨고 말았다. 세월이 흘러 새 원님이 부임한 첫날밤 덕진 여인이 원님의 꿈에 나타나 돈 삼백 냥을 묻어 둔 위치를 알려 주며 다리를 만들어 달라고 부탁했다. 원님은 그 돈을 찾아 큰 다리를 놓은 다음 덕진교라 이름 지었다.

통일신라 때 만들었던 그 다리가 바로 방금 전 '옛 징검다리'라고 생각하고 건너온 원래의 덕진교였던 것이다. 그 바로 옆엔 차가 다니는 교량인 현대식 덕진교가 세워져 있다. 조선 후기에 마을 사람들이 덕진 여인을 추모하기 위해 '덕진비'를 세웠고(순종 1813년), 그곳에 지은 재각이 강 건너 있던 '덕송재'이다.

*옛 덕진교

* 옛 덕진교 옆 새 덕진교

보석처럼 빛난 인보의 정신

지금도 영암군은 매년 단오날 이곳에서 덕진 여사의 추모제를 드리고 있다. 덕진 여인의 이름은 교량 뿐 아니라 면 이름이 되고 차밭의 이름 등으로 지금까지 널리 쓰이고 있다. 한 사람이 보여 준 인보 정신이 얼마나 많은 사람들에게 감동을 주고 세상을 변화시킬 수 있는지를 잘 보여주고 있다.

세상을 변화시키는 것은 거창한 그 무엇도 아닌 주변에 있는 사람들을 도우려는 마음

* 강을 건넌 곳의 덕진여사 추모비

이었다. 덕진 여인이 보여준, 이웃을 위한 일이 무엇인지 먼저 생각하고 서로를 돕는 인보의 정신은 첨예한 갈등 사회로 변한 우리 사회에서 가장 필요한 정신이 되고 있다.

05. 시골 농로에서 2회 차 국토종주 마감

뉘엿뉘엿 해에 물든 시골이 이렇게 아름다운가

깔끔하게 단장된 덕진면사무소 앞마당을 지나 육교로 13번 국도를 건너니 바로 앞이 신정마을이고 마을회관을 지나니 금세 시골 풍경이 펼쳐진다.

백계제 쪽으로 덕진천 지천을 따라 제방길을 타고 걷는 길에 양 옆으로 한길 키가 넘는 갈대가 무성하다. 갈대 너머로 드넓은 논밭의 시골 풍경이 서녘을 넘어가고 있는 강렬한 태양빛을 받아 가을 들녘이 아닌데도 온통 황금빛에 빛나고 있다. 우리들 얼굴도 모두 황금빛에 물들었다.

백계제 바로 앞, 왼쪽 언덕 위로 전남소방항공대 건물이 유난히 크게 보이는, 정자가 있는 농로 위에서, 저무는 해로 온통 세상이 붉게 물든 속에 4일째, 2회 차 국토종주를 마감했다.

힘든 것보다 훨씬 가슴을 뛰게 했던 것

오후 5시 20분이다. 오늘은 총 25.5km를 걸었다. 어제 걸은 부분까지 이번 2회 차 국토종주에서 총 57km를 왔다. 어제 다산초당과 백련사, 강

* 저녁노을에 물든 농촌길을 걷는다.

진만 생태공원, 사의재, 영랑생가, 우두봉의 보은산방, 백련지와 달마지마을을 지났고, 오늘 무의사, 백운동 별서정원, 강진 설록다원, 월출산의 강진 땅을 지나고, 영암군으로 넘어와 월출산과 누릿재길, 그리고 수성사, 덕진교 등 영암군 내에 스며 있는 역사의 자리들을 지나며 감당하기 힘들 만큼 가슴이 벅찼던 2회 차를 걸었다.

그 길에서 겨울바닷가 강풍 속에서 점심을 먹었고, 다시 불어닥친 저녁 한기에 언 몸을 녹이러 365코너를 안방으로 삼기도 했다. 달빛 쏟아지는 시골길도 걸었고, 가슴 뻥 뚫리는 산길과 호수가 반짝이는 숲길도 걸었다. 세상을 변화시키는 힘이 무엇인지를 보여 준 천 년 전 다리 덕진교도 건넜다. 다양한 조건의 다양한 길 속에서 우리가 찾은 것은 힘든 것보다 훨씬 더 가슴을 뛰게 했던 우리 국토의 진가였다.

이제 한 달 후에 다시 이곳 이 자리에 설 것이다. 그때는 3월, 늦겨울의 찬바람 대신 봄볕 따스한 산들바람이 우리를 맞이할 것이다. 계절이 달라진 다음달엔 또 어떤 걷기가 기다리고 있을지 벌써부터 기대가 한가득 번진다.

걷기를 마치고 영암군청 쪽으로 가 영암군 법원 앞 이가네 숯불갈비로 들어갔다. 걷기 후의 식사가 맛있는 건 세상이 다 안다. 2회 차 이틀 간의 국토종주 걷기를 총 마무리하는 맛있고도 즐거운 저녁이다.

* 2회차 국토종주를 마치고 꿀맛같은 저녁

덕진차밭과 백룡산 임도길

3회 차, 5일째_1st

06. 봄빛 가득한 시골 풍경

3회 차부터 당일 서울서 출발

걷기 당일 새벽 5시에 서울 교대역 앞에서 영암으로 출발했다. 지난 2회 차까지는 금요일에 떠났지만 그동안 117km를 걸어 온 만큼 서울과 더 가까워져서 이번 3회 차부터는 걷기 당일인 토요일 일찍 떠나기로 했다. 아침식사는 차 안에서 해결해야 한다.

3월 9일 토요일 오전 9시, 한 달 전에 걷기를 종료했던 곳에 다시 도착했다. 지난 2회 차 때의 모든 감동과 추억이 응집된 그 장소에 다시 온다는 것은 생각보다 더한 설렘과 반가움을 준다. 한 달 전 그날처럼 오늘도 날씨가 맑다. 다른 것은 이제 3월의 봄이라는 것과, 봄빛을 머금은 단원들의 뽀샤시한 얼굴이다.

차에서 내려 먼저 사람길 국토종주단 플래카드를 들고 단체사진을 찍는다. 오늘 걸어갈 경로에 대해 소개하고 파이팅을 외치는 것으로 출발식이 끝난다. 상쾌하고 시원한 아침 공기를 가르며 3회 차 5일째 걷기 출발이다.

봄빛 가득한 시골 풍경

출발해서 백룡산으로 향하는 길 가에 광활한 초원을 이루고 있는 밭과 농가, 그리고 멀리 보이는 산의 능선이 어우러진 목가적 풍경을 보며 걷는다.

걸어가는 농로길엔 길과 수로 사이의 작은 공간에도 쪽파를 심어 놓은 정성이 돋보인다. 길가에 심어진 매화나무에선 하나둘 꽃망울을 터트린 매화가 언제나 봄처녀 마음 같은 단원들의 순수한 가슴을 한껏 설레게 만든다.

믿음농장 지역을 지나는데 봄이어서인지 까맣게 탄 밭고랑도 보인다. 요즘은 많이 없어졌지만 병해충 방지를 위해 논두렁 밭고랑을 태우는 옛 습

*목가적 풍경을 보며 걷는다.

* 길가 자투리 땅에 줄지어 심어진 쪽파

관 때문이다. 그러나 이것의 해충 방지 효과는 거의 없다는 것이 밝혀졌다. 오히려 농사에 이롭거나 땅을 비옥하게 하는 곤충 대부분을 죽이고 자칫 산불로도 번질 수 있다.

이 모두가 도시에서 볼 수 없고 잊혀졌던 봄의 풍경들이다. 계절이 바뀌는 모습을 잘 볼 수 없는 삭막한 도시와 달리 자연과 함께 하는 시골에선 봄의 풍경들이 풀잎 하나부터 풍경, 풍습까지 하나하나 새롭게 다가온다.

07. 영보12동네 중 하나인 선암마을

영암의 대표적 전통마을 영보 자연부락

백룡산 바로 밑 선암마을로 들어서니 우릴 맞는 거대한 마을 표지석에 받침대까지 있는 모습이 예사롭지가 않다.

이곳이 바로 영암의 대표적인 전통 문화 마을인 '영보'이다. '영보'는 행정구역이 아니라 조선 후기 이래 집성촌을 이룬 내동, 솔안, 운곡, 송석정, 선암, 세류정 등 12동네로 구성된 자연마을이다. 선암마을은 이 영보 12동네 중 하나이다.

15세기 전주 최씨가 내동에 입향한 이후 가창 씬씨와 남평 문씨가 전주 최씨와 혼인하면서 유입돼 혈연 공동체가 형성되었고 각 성씨별 거주지를 마련했다. 이로써 영보는 조선 후기 동성 마을의 형성 배경과 전개 과정을 시기별로 살펴볼 수 있는 대표적인 전통 역사 마을로 마을 전체가 소중한 문화유산이라고 할 수 있다.

* 거대한 선암마을 표지석에 받침대까지 있다.

존양사 사우가 녹동 서원으로, 송양사가 송양 서원으로 발전한 과정, 동계와 동약 등 향약을 통해 결속을 다진 과정을 볼 수 있고, 보물과 중요 민속 문화재, 전라남도 기념물로 남은 각종 문중 유적들이 영보의 무게를 말해 주고 있다. 영보 입향조인 연촌 최덕지(1384~1455)의 영정은 보물 제164호로 지정돼 있다. 친족 집단과 관련된 대규모 연중 행사도 열리는데, 정월에 문중회의, 4월 5일에 녹동서원 제향, 5월 5일 풍향제, 음력 10월 초정일에 최씨 문중과 신씨 문중이 각각 영정 제향, 송향 제향을 연다.

한석봉이 교육 받은 마을에 글씨 남아

내동에 있는 최씨 문중의 중요한 상징물인 영보정의 현판은 추사 김정희와 쌍벽을 이루는 서예가인 석봉 한호(1543~1605)의 글씨이다. 이곳 영보 신씨 문중의 영계 신희남(1517~1591)은 종부시정으로 『명종실록』 편찬에 참여했고, 좌승지, 강원도관찰사, 병조·예조 참의 등을 역임한 문신이자 서예가인데, 한석봉의 스승으로 더 유명하다. 개성에서 태어난 석봉 한호는 신희남의 제자가 되어 12살의 어린 나이에 머나먼 이곳 영보에 왔다.

(《부록1》, 길에 얽힌 못다 한 역사 이야기: P346, 4. 우리네 어머니의 표상과 한석봉 이야기. 참고)

* 울창한 대숲을 지나 백룡산 임도길로 향한다.

영보12동네 중 하나인 선암마을엔 세월이 더께로 쌓인 돌담길이 소담스럽다. 이어 앞을 막아설 듯이 울창한 대숲이 나타난다. 이 대숲을 빠져나가니 드디어 백룡산 임도길이 시작된다.

08. 기억에 남는 장면, 운곡제 & 덕진차밭

산속 황홀경 운곡제

  용지에 살던 백룡이 승천했다는 백룡산(418m)은 크지 않은 산이지만 전설대로 금천과 영암천, 삼포강의 발원지를 이룰 만큼 수계가 풍부하고 산을 빙 둘러 남도 곡창지대의 젖줄인 저수지도 많아 지역의 보물 같은 산이다. 백룡산 임도길은 울창한 숲이 일품이고 산악과 초원, 들판과 능선이 어우러진 일품 풍경이 백룡산을 한 바퀴 돌아 옆의 활성산으로 이어져 이 임도길로 산악자전거대회가 열릴 만큼 명성이 높다.
  임도길 밑의 백룡산 기슭엔 더 명성이 높은 것이 있는데 우리나라 5대 차밭 중 하나인 덕진차밭이다. 기대를 품고 백룡산 임도길을 향해 오른다.
  임도길로 가는 초입에 가장 처음 우리를 맞이한 것은 지금도 황홀한 기억이 남아 있는 운곡제이다. 자그마한 저수지가 아침 산속에 고요히 잠들어 있던 순수한 모습으로 우릴 맞이한다.
  저 멀리 아침 안개가 오르며 월출산이 구름 위에 떠 있는 것 같은 광경까지 어우러져 가히 선경을 방불케 하는 모습이다.
  자연은 가장 뛰어난 무대 연출자이다. 하나도 제자리가 아닌 것 없이 가

* 월출산을 띄워놓은 운해가 운곡제로 밀려든 듯 황홀경이 펼쳐진다. 그곳에 사람이 서니 화보 속 모델이 된듯하다.

장 완벽한 장면을 선사해 준다. 그 무대에 서는 것만으로 가장 멋진 모델이 될 수 있다.

선경 자아대던 덕진차밭

저마다 아름다운 광경을 담은 뒤 경사길을 오르는데 우거진 나무 사이로 언뜻언뜻 차밭이 보인다. 영암의 비밀 정원 덕진차밭이다.

덕진차밭은 임도길 아래로 운곡제에서 운암제 일대의 백룡산 기슭에 월출산을 마주 보고 넓게 분포된 재래종 차밭이다. 차밭 꼭대기에 서면 초록빛 차밭 위로 월출산의 자태가 파노라마처럼 펼쳐진다. 월출산 왼편에서 아침해가 떠오르면 녹차밭 사면을 비추면서 초록빛 융단을 깔아 놓은 듯한 황홀한 풍경을 펼쳐낸다. 그야말로 한 폭의 현대판 동양화를 보는 듯하다. 월출산을 한눈에 굽어볼 수 있는 수려한 경관 덕에 요즘 촬영 명소로 급부

상하는 곳이기도 하다.

아침 9시 50분경 덕진 차밭에 내려섰을 때도 월출산의 융단이 펼쳐지고 있었다. 아무 때나 볼 수 있는 것이 아닌데 운이 좋았는지 볼 수 있는 맑은

*초록빛 차밭과 그 위로 떠 있는 월출산은 영화 스크린의 한 장면처럼 남았다.

날에 와서 다행이다. 언덕 위의 고요한 아침 차밭 사이마다에 서서 영화 스크린의 한 장면처럼 눈앞에 펼쳐지는 차밭과 월출산이 연출하는 황홀경에 빠져버렸다. 모두가 넋을 잃고 숨죽였던 이 순간은 지금도 가장 기억에 남는 장면 중 하나가 되었다.

09. 숨어도 숨길 수 없는 매향

힐링 산책로 백룡산 임도길

임도를 따라 운암제 쪽으로 가면 작품사진에 많이 나오는 전망이 확 트인 차밭을 갈 수 있지만 이곳만으로도 흡족하였으므로 그 반대편 임도길로

• 백룡산 임도길

접어들었다. 이제부터 백룡산 자락을 구비구비 휘감아 도는 본격적인 임도길 탐방이 시작된다.

거의 평지의 넓고 편안한 길에, 길 위아래 산비탈로는 숲이 빼곡하게 들어차 있는 그야말로 힐링 산책로이자 명품 명상길이 이어진다.

두어 구비 돌아가자 가지마다 순백의 순결한 꽃잎을 한껏 피운 매화가 반긴다. 수줍은 듯 산 중에 숨었어도 그 매혹적 자태와 그윽한 향기는 숨길 수가 없다. 그 아름다움과 향기에 취해 너도나도 매화와의 한 컷을 위한 쟁탈전이 벌어졌다. 봄은 그렇게 황홀한 모습으로 이미 우리 곁에 와 있었다.

매화가 아름다운 이유

사군자 중 하나인 매화는 피는 시기에 따라 추운 날씨에 핀다고 '동매冬梅', 눈 속에 핀다고 '설중매雪中梅'라 했다. 아무리 추워도 꿋꿋이 가장 아름다운 자태로 피어나는 매화에 선비들은 매료됐다. 자신의 지조와 절개를 빗대어 매화를 그렸고, 눈보라 속에서도 굳은 기개로 피는 하얀 꽃과 은은하게 배어 나는 향기(매향)에 매료돼 매화나무를 심었다.

퇴계 이황이 유언으로 "매화 분재에 물을 주거라"고 말했다는 일화는 유명하다. 퇴계의 제자이자 동방오현東方五賢 중 한 사람인 한훤당 김굉필의 외증손인 한강 정구는 자신의 고향 성주에 세운 회연서원의 뜰에 매화를 심고 백매원百梅園을 만들어 수양했다. 지금도 회연서원에는 이른 봄 만발

한 매화를 볼 수 있다.

　지금 눈 내리고
　매화 향기 홀로 아득하니
　내 여기 가난한 노래의 씨를 뿌려라.
　다시 천고(千古)의 뒤에
　백마 타고 오는 초인(超人)이 있어
　이 광야에서 목 놓아 부르게 하리라.
　　　　　　　　　-〈광야〉 중, 이육사

독립운동을 하다가 베이징 감옥에서 숨을 거둔 이육사는 〈광야〉 시에서 매화의 의미를 강렬하게 전달하고 있다.

* 백룡산 하산길에 만난 자작나무 군락

　굳은 기개와 강렬한 의지로 피어났던 매화는 여름철 장마가 끝날 무렵 강한 신맛의 매실로 입안에 침이 돌게 만드는 또 한번의 강렬한 선물을 선사한다.

　임도길 아래로 명동제, 옥정제 등 저수지가 이어지고, 길가 숲에 둘러싸인 벤치와 정자가 힐링 쉼터의 운치를 더한다. 백룡산 자락을 돌아 반대편 하산길에선 흰 자작나무 군락이 배웅해 준다. 한 걸음도 힐링처가 아닌 곳이 없는 백룡산 임도길이다.

10. 복사꽃 반겨주던 마을

봄빛 머금은 고향 같은 마을

　임도길을 내려서니 산밑 골짜기와 마을들의 전망이 포근한 모습으로 들어온다. 마을

* 과수밭이 복사꽃을 피우기 시작했다.

위 쪽의 분수저수지를 지나 산기슭의 운동마을과 화산마을로 차례로 내려서는데 과수밭 곳곳에 복사꽃을 활짝 피우고 우릴 반긴다. 어딜 가나 봄 봄 봄이다. 골짜기 마을이 고향 느낌처럼 포근하고 화사한데다 날씨까지 화창하니 기분이 날듯 가볍다.

* 포근하고 화사한 마을 모습에 신이 난다.

화산마을엔 특이하게 7그루의 고목나무가 길가에 가로수처럼 서 있다. 모두 300년이 넘은 버드나무로 어디서도 보기 힘든 신비한 고풍스러운 경

* 300년 넘은 버드나무 7그루가 반긴다.

관을 연출한다.

길 안쪽으론 효열비가 눈길을 끈다. 선암 댁으로 불리던 함양 박씨 박운곡 님이 모친의 병 중에 손가락을 잘라 피를 입에 흘려 지극정성으로 간호했고, 남편의 병중 수발과 6남 2녀를 길러낸 현모양처의 이야기가 전한다. 효열비의 전통은 지금도 이어지고 있다. 2010년에 가수 현숙의 고향 김제에서 생존 연예인의 첫 사례로 효열비가 제막되기도 했다.

*박운곡님 효열비

복사꽃 마을의 행복한 점심

효열비 안쪽에 보니 일반 정자라고 하기엔 꽤 넓은 직사각형의 누각이 있다. 마을 한가운데에 자리잡은 주민 쉼터로 2015년에 준공된 유선각이다.

점심 자리를 찾던 터였고 장소가 너무 좋아 허락을 받으려고 해봐도 다

*고마운 점심 자리가 되어 준 마을 한가운데 유선각

들 밭일을 가셨는지 주민 분들이 아무도 안 보이신다. 이 고향 같은 포근한 정서를 지닌 마을 한복판이 조용하기만 하다. 옛날의 시골이라면 마을 골목이나 산과 들로 아이들이 뛰어다니겠지 하는 상상을 해본다.

슬쩍 걸터 앉았다가 아예 안쪽 깊숙이 앉았다. 점심을 꺼냈다. 이미 12시 30분, 점심 때를 넘겨 배가 많이 고프다.

역시 아직 전투식량의 인기는 지속되고 있고, 즉석 컵밥의 종류도 많고, 빵, 떡, 김밥류의 간단한 점심이지만 왜 그런지 너무 맛있다. 화사한 봄볕에 매 점심 때마다 맞춘 듯 최상의 점심 자리를 만나는 행운까지 얻어 더할 나위 없는 행복한 점심이 되었다. 화산마을이 감사하다.

달리기로 통과한 나주시 경계

화산마을에서 나와 화산교 건너 금천을 따라 논 사이 둑방길로 조금 1.2km쯤 가서 양와교에서 좌회전해 다리를 건너면 양와마을이 나오고 그 뒤쪽 자연 둔덕부터는 나주시 세지면이다.

* 양와교 건너 뛰기 직전

나주시와 영암군을 구분할 만한 하천이나 산 같은 경계는 따로 없다. 한 경계 안의 다 같은 농촌 마을로 보이지만 양와교에서 500m쯤 북쪽부터 넓은 논 한가운데 농로를 사이에 두고 나주시와 영암군이 갈라진다.

단지 보이지 않는 선 하나를 넘는 것인데도 행정구역의 경계를 넘을 때마다 또 해냈다는 묘한 성취감과 새로운 기대감, 정든 이를 보내는 아쉬움 같은 만감이 교차한다.

화창한 봄날 점심 후 나른해서일까. 걷다가 가끔은 달리기를 하고 싶어진다. 양와교를 건너서부터 뛰기 시작했다. 단원들도 같이 뛴다. 땀이 젖을 때까지 달린다. 양와마을 앞 '정산서원 정통풍수지리연구'라고 쓰인 표지

* 나주로 넘어가는 고개마루에 시누대가 덮여 터널처럼 보인다.

석을 돌아 다시 논을 끼고 돌아 양와마을 뒤쪽 둔덕 고개를 넘어간다. 고개에 꽉 덮인 시누대가 마치 터널 같은 분위기를 연출한다.

따로 표시는 없지만 이곳을 통과하면 영암에서 나주로 행정구역이 바뀐다. 걸어 올 사람은 걷고, 뛸 사람은 뛰고 한낮의 달리기 이벤트는 시누대 둔덕을 넘어 끝났다. 그렇게 나주로 들어섰다.

국립공원 월출산과 누릿재 고개, 기찬묏길, 수성사, 덕진교, 자연부락의 전통을 간직한 마을들, 지금도 여운이 짙게 남은 덕진차밭, 흥겨웠던 매화향 그윽한 백룡산 임도길을 선사해 주었던 영암과 작별이다. 역사의 숨결을 품은 평화로운 마을, 전통적 시골의 삶의 모습을 간직한 순연한 땅 영암의 향기가 지금도 전해오는 듯하다.

＊경계 지나 나주 쪽 과수밭길

남도 수부 고도의 향기

―

나주 편

―

나주 갈림길과
한 아주머니의 시루떡

3회 차, 총 5일째_2nd

* 모처럼 정겨움과 활기 띤 거리 모습을 느꼈던 세지면 동창사거리로 들어선다.

01. 지하여장군할머니 마을 & 갈림길

오랜 생활사 간직한 성산정미소와 물레방앗간

 이제부터는 나주다. 둔덕을 지나 과수밭 사잇길로 내려가 다시 금천을 만나 낮은 보 앞으로 건너는데 보 아래 개천의 수풀에서 할머니 두 분이 무슨 작업을 하고 계신다. 호기심 많은 일락이 다가가 인사를 하고 뭐하시는지 여쭈어 보는 것 같다.

 무슨 작업인지 나는 잘 모르지만 우리네의 삶은 이렇게 자연 속에서 삶의 터를 일구어 온 전통적 삶과 그 땅 위에 세워져 있는 것만은 분명하다.

* 하천변은 삶의 일터가 되기도 한다.

바쁘게 일하시니 나까지 여쭤보지 못하고 금천을 건넌다.

강을 건넌 곳에 바로 성산정미소가 있다. 이제는 향수 어린 시설이지만 새로 단 정미소와 물레방아 간판에 깨끗이 새 페인트로 단장한 모습이다. 보존 차원인 것 같은데, 하도 깨끗해 실제로 운영을 하나 궁금증까지 생긴다.

쌀을 주식으로 하는 우리네 삶의 중심에서 오랜 세월 수많은 일을 했을 정미소와 물레방아가 한 장소에 있다. 한국인의 오랜 생활사를 간직한 소중한 장소라는 생각이 든다. 방앗간에서 정미소로, 다시 미곡종합처리장으로 발전하며 이제는 세월의 뒤안에 서 있는 정미소가 왠지 정겨워 한참을 두리번거리며 보았다.

* 한국인의 오랜 생활사의 상징 성산정미소

지하여장군 할머니가 지키던 덕산마을

바로 앞에 깔끔하게 잘 정돈된 덕산마을에 들어서니 '세거지', '제실' 등 광산 김씨 집성촌임을 알 수 있는 표지석들이 곳곳에 서 있다. '덕산재'라는 간판이 붙은 궁금증을 자아내는 꽤 큰 한옥집도 보인다. 빙 둘러 긴 담과 나무로 둘러 쳐진 담 안에는 정돈된 잔디 마당이 있고 옛 한옥과 현대식 한옥이 같이 있는 걸 보니 조상의 옛 집터에 한옥식으로 확장해 지은 집 같다.

마을 입구엔 혀를 내민 익살스러운 표정의 지하여장군 할머니와 천하대장군 할아버지가 덕산마을 표지석을 호위하고 있다. 할머니와 할아버지만 마을을 지키는 오늘날 우리 시골의 현재를 상징적으로 보여주는 것 같아 웃음만 나오지 않는 것은 어이할까.

*광산 김씨 집성촌임을 알리는 표지석

*우리 시골의 현재 상황이 반영된 익살스러운 모습의 지하여장군 할머니와 천하대장군 할아버지

고민했었던 동창 사거리에 도착하다

벽산 마을 옆을 지나고 세지초·중학교 앞을 지나 세지면 사무소 앞 동창 사거리에 도착했다. 이 사거리가 한 달 전 길을 짤 때 심하게 고민했던 곳이다.

이곳에서 광주 동쪽의 무등산 쪽으로 갈 수도 있고 나주 금성산 쪽으로 해서 내장산 방향으로 갈 수도 있기 때문이다. 고민 고민 끝에 나주를 빼먹을 수 없기에 나주 시내를 관통하기로 결정했었다. 다만 계속 내장산 쪽으로 가면 우리가 갈 목적지인 고성과는 멀어지므로 다음 4회 차부터는 다시 광주를 지나 무등산을 넘어 담양 순창 임실 방향으로 가도록 경로를 짰다.

세지면사거리 마트에서 즐거운 휴식

시골길을 한참 걷다가 이런 시내를 만나면 문명세계로 돌아온 것 같은 반가움이 생긴다. 가게 하나 없는 길을 줄곧 걷기 때문에 모처럼 만난 문명세계에서 무언가 아쉬웠던 부분을 해소하고 가고 싶은 마음도 생긴다. 오늘은 걸으면서 아쉬웠던 게 무엇일까.

각자 다르겠지만 사거리 코너에 있는 '세지사거리마트'에 들러 재학님이 맥주를 쏘고, 현이 딸기를 쏜다. 활기와 정겨움이 넘치는 세지면 사거리에서, 오늘 17km를 걸어온 뒤에 맛보는 신선한 과일과 시원한 음료는 단순한 맛 이상의 것이다.

고민했던 갈림길의 의미까지 더해져 이 사거리가 특별하다. 적당히 활기 있고 소박하고 옛스러우면서도 깔끔함을 간직하고 있는 이 특별한 사거리를 떠나기 전에 특별 단체사진을 찍는다.

* 세지면사거리 마트에서 즐거운 휴식

사거리에서 80m쯤 거리의 동창교 직전에 좌측 만봉천의 좁다란 둑방길로 들어섰다.

02. 한 아주머니의 시루떡

나주 아주머니가 준 시루떡

운치 있는 목조 인도교를 지나고, 계속 둑방길 따라 걷다가 오봉교를 건너기 전에 멜론 하우스를 지나가다 우리가 늘상 하던 대로 농가 아주머니께 인사를 드린다.

"안녕하세요."

"어디서 오셨어요."

"서울에서 왔습니다. 영암서 걸어오는 중입니다."

"수고하시네요. 잠시 기다리세요."

대뜸 기다리라고 하고 들어가시더니 따끈따끈하게 잘 익은 시루떡을 가마솥에서 직접 꺼내 오신다.

"배고플 텐데 이거 들어요."

"어 어, 이게 뭡니까. 아이구, 감사합니다."

우리가 힘들 거라고 생각하셔서 주시는 것일까. 국토종주 하면서 응원을 많이 받아봤지만 이런 건 너무 뜻밖이다.

와~ 수제 시루떡! 걷다 보면 바람 한줄기나 평소에 못 느끼던 아주 작은 것에도 감사를 느끼게 되지만 국토 순례자로 이런 끝판왕 선물을 받게 될 줄이야. 감격이다. 우리 국토의 향기를 맡기 위한 일념으로 길고긴 거리를 걸어온 단원들에게 크나큰 격려가 되었다. 아주머니께 감사드린다.

근데 이런 시루떡은 처음 본다. 이렇게 생글생글한 크고 살아있는 팥은 처음 봤다. 떡집에서 파는 시루떡에서 의례히 보던 작고 까맣고 눌린 팥이 전부인 줄 알았었는데 너무 새롭다. 양도 무지 많이 주셨다. 우리 12명이 배부르게 먹어도 남을 것 같다.

아주머니는 우리가 바로 앞 오봉교를 건너 길가 버스정거장에서, 주신

* 이렇게 생글생글한 팥 시루떡은 처음 본다.

시루떡 잔치를 벌이는 모습을 보더니 다시 부르신다. 이번엔 목마를까 봐 직접 만든 배즙을 건네주신다. 찐사랑을 받는다. 거기에 시루떡도 한 봉지 더 주신다. 더 들어갈 배가 없어서 두고두고 간식을 삼았다.

* 버스 정류장에서 가진 시루떡 잔치

지금도 시골 인심은 살아있다

난 요즘 시골 인심이 도시의 물결로 사라졌을 줄만 알았었다. 국토종주에서의 경험은 그런 편견도 깨뜨려 주었다. 지금도 우리나라의 시골 인심은 살아 있다. 이것이 우리 한국인 속에 면면히 내려오는 전통의 인심이다. 도시와 달리 시골에서는 그냥 지나가는 사람도 마음의 눈으로 본다. 조건 없이 베풀어 주기도 한다. 나는 그 아주머니에게 내가 가진 그 무엇도 나누지 못했는데 아주머니는 대가를 바라지 않고 베풀어 주셨다.

도시인은 도시 생활에 갇혀 산다. 갇혀 산다는 것은 사고에도 한계가 생기는 것을 의미한다. 먹고살기 위해 도시로 몰려든 사람들은 손익의 개념에 강하다. 어떤 행동이 자신에게 이익이 되는지 안되는지에 대한 판단이 빠르다. 즉 계산된 행동에 익숙하다. 손해 나는 행동을 하면 바보로 취급받기도 한다. 그게 도시인의 상식이다. 인간미가 사라진 세상일 수 있지만 그게 편하고 익숙해진 게 또한 도시인이다. 나주의 한 시골길에서 만난 아주머니는 그 상식을 깨 주었다.

모르는 이에게 베푼다는 것

옛날 시골은 웬만한 집이면 지나가던 과객이 밥을 달라 하면 묻지 않고 주었다. 우리 선조들에게 베풀고 사는 것은 삶의 당연한 도리였고, 베풂의 선행을 쌓으면 자손 대대로 복을 받는다는 믿음도 있었다.

세상을 풍요롭고 살맛 나게 하는 덕은 계산 없는 베풂과 나눔이라는 사실을, 현재도 삶이 있는 한 고금을 통틀어 변하지 않는 원리임을 아주머니가 일깨워 주었다. 그날 아주머니의 아들이 공무원 시험을 치르는 날이라고 했는데, 합격했는지 지금도 궁금하다.

*찐사랑을 베풀어주신 나주 아주머니

삽사리 반겨주던 만봉천 둑방길

3회 차, 총 5일째_3rd

03. 감동을 주는 사람들

반겨주던 새끼 강아지들

배가 불러도 자꾸 먹다가 다 못 먹었다. 남은 걸 싸서 넣고 다시 길을 떠난다. 오봉교 건너 버스정거장에서 큰길을 잠깐 만났다가 다시 만봉천 둑방길로 들어섰다. 만봉천을 따라 조금 걸어갔을 무렵이다.

천변의 한 농가를 지나고 있는데 마당에서부터 까만색과 암갈색의 새끼 강아지들이 우릴 보더니 막 달려 나오고 있다. 꼬리 치며 좋아서 날뛰는 모습이 너무 귀엽다. 자동으로 걸음이 멈춰진다. 발밑에 선 새끼 강아지들에게 앉아 연신 쓰다듬다 품에 안고 일어섰다.

천연기념물 순종 삽살개

순종 삽살개이다. 신라 시대에 귀족사회에서 길러오다 민가의 서민적인 개로 널리 퍼져 오랜 세월 우리 민족과 더불어 애환을 같이 해온 우리나라토종견으로 천연기념물 제368호이다.

풍속화에도 많이 등장하는데, 일제는 조선문화 말살정책으로 토종견에게 마저 씨를 말리는 몹쓸 일을 했다. 이로 인해 크게 희생을 당해 삽살개가 한때 멸종의 위기에까지 이르렀다가 다행히 경상북도 경산시에 순수 혈통을 간직한 소수집단이 생존해 한국삽살개보존회에 의해 보호 육성되고 있는 귀한 개다. 키가 50cm가 넘는 중형견으로 다른 동물에게는 대담하고 용맹스러우나 주인에게는 충직하기로 유명하다.

우리에게 달려 나온 새끼들은 청삽사리로 어릴 땐 짙은 검정이다가 자라면서 환모과정을 거쳐 흰 털이 고루 섞인 흑청색 또는 흑회색이 된다.

뜻밖의 제안

너무 귀여워서 안고 부비대고 난리를 하고 있는데, 주인아저씨가 웃으며 나오신다.

"귀여우면 가져가세요."

하신다. 깜짝 놀랐다. 확인차 묻는다.

"얼마인가요?"

"무료로 가져가세요."

너무 쉽다. 아까 시루떡을 마구 주신 아주머니가 생각난다. 도시인의 생각은 항상 상응하는 대가가 있다. 장에 내다 팔아도 돈이 되는데, 게다가 족보 있는 개인데 주인아저씨의 말이 선뜻 믿어지지 않는다.

그러나 주인아저씨의 생각은 다르다. 강아지의 아빠로서 강아지를 정말 사랑하기 때문에 정말 귀여워하는 사람에게 대가없이 주고 싶은 것이다.

뜻하지 않은 선물에 주인아저씨께 전화번호를 받았다. 가서 다시 연락을 드리겠노라고 말했다. 정말 탐나는 강아지이다.

끝내 연락 못 드려

그러나 3회 차 국토종주를 끝내고 서울 집에 와서도 끝내 연락을 못 드리고 말았다. 혼자 매일 집안에 남겨져 있어야 할 강아지가 불쌍하다. 잘 키울 자신도 없다.

어렸을 때 집에서 키우던 강아지가 한 번도 제 수명을 다한 경우가 없었던 기억이 난다. 그때는 마당에서 강아지를 키웠는데 학교에서 돌아오면 흙 묻은 발로 껑충껑충 뛰어 안기곤 했다. 하루는 학교에서 돌아왔는데 보이지 않아 찾아보니, 지하실에서 쥐약을 먹은 강아지가 나를 보며 죽어가던 모습을 잊을 수 없다. 어린 마음에 슬픔이 너무도 컸다. 뒷산에 묻어주고 무덤을 만들어 나무 십자가를 꽂아주며 슬픔을 달랬던 때가 새삼 생각난다.

그 후 어느 날 하얀 털에 얼굴에 눈 코 점 세 개가 박힌 너무 귀여운 새끼 강아지가 생겼다. 잠잘 때 팔다리를 일 자로 쭉 뻗고 자는 모습이 너무 귀여웠는데 며칠 후 학교에 다녀오니 강아지가 없다. 호기심 많은 새끼 강아지가 혼자 마당을 나가 대문 밑으로 길가에 나갔다가 집 앞을 지나가던 누군가가 귀여워서 데려간 것 같다.

그런 경험이 트라우마로 남아서인지 엄두가 안 났다. 나주에서 만났던 그 새끼 강아지들이 지금은 어른 강아지가 돼 있을 것이다. 잘 있는지 궁금하다.

감동을 주는 사람들

 나주에서 만난 삽살개 주인아저씨, 시루떡을 주신 아주머니께 감사드린다. 도시인은 가끔가다 내가 얼마나 삭막한 세상에 살고 있는지, 거기에 내가 얼마나 닮아가고 있는지 자문해 보아야 한다.

 나부터 그 틀을 깨면서 살아야 한다. 주어도 아깝지 않고 손해 나는 짓을 해도 바보가 아니라는 인식의 전환부터 해야 한다. 너무 가지려고만 하지 말고 내 이익이 중요하듯이 남에게 베풀고 주면서 사는 삶을 살아야 한다. 그래야 나주의 아저씨 아주머니처럼 타인에게 감동을 주는 사람이 될 수 있다. 그래야 사람 사는 세상, 살 만한 세상을 만들 수 있다.

털썩 주저앉아 쉬던 둑방길

 둑방길 따라 거의 직선으로 뻗은 만봉천은 생태 하천의 아름다움을 무한 선사해 주고 있다. 그래서 둑방길이 더 아름답고 편안하다. 걷다가 길에 털썩 앉아 배낭을 벗어던지고 지친 걸음을 쉬니 이처럼 편할 수가 없다. 만봉천 둑방길에서 모처럼 자유로움을 느껴본다.

* 생태하천 만봉천

영산강에 가까워오면서, 벚꽃이 피기 전이라 아쉬움이 컸던, 지금도 다시 걷고 싶은 둑방길 양옆으로 끝없이 이어지던 벚꽃나무 가로수길, 곳곳에 쉼터를 제공해 주던 정자의 아늑한 풍경들까지 10km의 둑방길이 하나도 멀게 느껴지지 않는 길이다. 그곳 인심과 함께 지금도 뇌리에 박힌 길의 풍경이 선하게 남아 있다.

즐기며 걷다 보니 영산포 풍물시장을 지나 드디어 나주 시내를 흐르는 영산강과 영산포 홍어거리의 추억이 기다리는 곳까지 왔다.

※ 만봉천 둑방길에서 편안하게 쉬다.

▲ 벚꽃나무 가로수길

배낭 벗어 두고 나주 시내 걷기

3회 차, 총 5일째_4th

04. 남도의 젖줄 영산강을 만나다

가슴이 시원해지던 영산강

마치 예도 칼을 높이 들어 나주 시내 입성을 축하하는 듯 나주의 명소 만봉천 벚꽃길이 영산강과 합류하는 곳까지 길게 이어진다. 영산강이 가까워 오니 설렌다.

드디어 시야가 확 트이는 드넓은 영산강이 그 유유하고 도도한 모습을 드러낸다. 순간 가슴이 시원해지고, 드디어 나주시에 입성한 것이 실감난다. 수고했어! 대단해! 두 팔을 치켜올리고 서로에게, 또 자신에게 환호한다. 해남 땅끝에서 걸어온 지 5일 째 만에 가장 큰 첫 시이자 남도 평야의 중심 도시에 도착한 감격이 밀려온다.

*만봉천 끝에 영산강을 들뜬 마음으로 만났다.

다양한 문화 형성의 바탕

영산강은 전남 담양에서 서해까지 남도 땅을 적시며 115km를 흐르는 남도의 젖줄이다. 강변엔 영산강의 풍취를 제대로 즐길 수 있도록 벤치와 꽃 조형물들이 이어진다.

여러 설치물 중 영산강 유역의 토착묘제인 옹관 그림에 눈길이 간다. 국토종주하기 1년 전쯤에 서울 송파구 몽촌토성(올림픽공원) 내의 한성백제박물관이 '영산강 옹관의 한성 나들이'라는 특별전시회를 개최했었다. 그때 걷기 하다가 그 전시회에 들렀었는데 기존에 알던 것과 다른 거대 옹관을 보고 놀랐던 기억이 난다.

* 영산포 쪽으로 영산강과 옛 영산포의 정취를 즐길 다양한 조형물이 설치돼 있다.

옹관묘 문화의 독특한 발전

화장한 뼈나 어린이의 시신을 담아 매장하던 옹관묘 문화는 세계 각지와 중국·한국·일본에 널리 퍼져 있었다. 우리나라에선 청동기 시대부터 삼국시대까지 오랜 기간 우리나라 전역에서 사용되었다. 그 풍습이 남아 조선시대에 와서도 어린아이의 주검을 매장하는 데 독무덤이 더러 쓰였다.

특히 영산강 유역의 나주와 영암에서 어른을 눕혀서 묻을 수 있는 매우 큰 독무덤이 발견됐고, 이곳 근처에 있는 나주복암리 고분군에선 대형의 전용 옹관을 사용한 석실고분들이 확인되었다. 삼국시대의 석실묘에서 대형 옹관이 발견된 것은 옹관이 영산강 유역의 토착묘제로 발전되었다가 석실묘로 발전 수용되었음을 보여 주고 있다.

* 영산강 유역의 토착묘제인 옹관 그림

이렇듯 영산강 유역은 한반도에서 지리적, 역사적으로 매우 독특한 특징을 지니고 있다. 크고 작은 강줄기가 곡류하며 나주평야를 비롯한 넓은 충적평야를 형성하고 있어 예로부터 다양한 문화가 형성되는 바탕이 되었다. 고래로부터 영산강 유역의 남도민들은 문화를 빨리 수용하는 것에서 머물지 않고 자신에 맞는 새로운 형태의 것으로 발전시켜 왔다.

05. 나주 시내 저녁 산책

홀가분한 산책 같은 걷기

오늘 아침부터 이곳 영산포 홍어거리까지 이미 29km 이상을 걸어왔다. 국토종주단의 숙박처 알아보는 책임을 맡고 있는 재학 님이 이곳 근처에 이미 모텔을 잡아 놓았다. 예약한 곳이 어딘지 보니 영산포 홍어거리 근처의 영산강변에 영산강이 내려다 보이는 위치 좋은 곳이다.

아직 오늘 걸어가야 할 길이 남아 있지만 숙소가 가까워 우선 체크인을

*숙소 앞에서, 뒤에 영산교

하고 배낭을 방에 두고 4~5km를 더 걷기로 했다. 남자 방 2개, 여자 방 2개에 각자 방을 정해 무거운 배낭을 내려놓고 오후 6시에 1층에 다시 모였다.

　모처럼 짐 없이 빈 몸으로 나서니 너무 홀가분하다. 언제 피곤했냐는 듯 발걸음도 가볍다. 산책하는 기분이 되어 영산교를 건넌다. 발밑으로 영산강을 보니 흐르고 있는지 미동도 없이 고요하기만 하다.

*숙소에 짐을 두고 모처럼 짐 없이 걷기에 나선다.(뒤에 숙소)

강을 건너 "이런 멋진 카페가" 할 정도로 우릴 유혹하는 카페보노를 지나고 계속 직진하며 길가 식당들도 지났다. 지금 우리의 가장 큰 관심사는 내일 아침식사다. 식당 이곳저곳에 들어가 내일 아침식사가 되는지를 물어본다. 결국 '송죽식당'으로 예약했다. 몸만 가벼운 것이 아니라 이젠 마음도 가볍다.

영산포의 영화 상징하는 나주철도공원

식당 거리를 지나 나주철도공원에 도착했다. 이곳은 2001년까지 나주의 중심 축이던 영산포역이었다. 영산포는 영산강 수로를 이용한 포구로 번성했다. 영산포가 번성하다 보니 일제가 일대 땅을 강제 매수해, 조선의 토지를 수탈하기 위해 만든 동양척식주식회사 영산출장소(현재 문서고 건물이 남아 있다.)를 세우고 일본인들을 대거 거주하게 만든 곳이기도 하다.

영산포역은 영산포를 중심한 물산이 이동하던 거점 역할을 하며 나주를 대표하던 역이었다. 영산포는 그러나 영산강 하구둑이 생기면서 영산포는 이름으로만 남았고, 영산포역도 2001년 신설 호남선으로 나주시청 쪽에 신역사가 생기면서 폐역이 돼 1913년 첫 개시 이후 90년 만에 역사의 뒤안으로 사라졌다. 구 역사도 헐렸다. 지금은 플랫폼과 철로만 남아 아날로그 감성을 자극한다. 이곳에 추억의 미카 증기기관차도 외로이 남아 있다.

2021년에 나주철도공원은 한번 더 새로운 탈바꿈을 한다. 나주의 새 관광명소로 구 역사 복원과 역사·문화체험관 조성 작업이 2021년 1월에 착공해 연말에 준공된다.

역사는 과거에 그랬던 것처럼, 지금도 변하고 또 변하며 미래를 만들어 간다.

적진으로 돌진하던 미카 기관차

　이곳에 전시된 증기기관차는 1950년대 이후에 제작된 것이다. 미카 증기기관차는 1920년대부터 1970년대에 디젤기관차가 쓰이기 전까지 약 50여 년 간 한국 강토를 주름잡았다. '미카 증기기관차' 하면 기차의 상징 의성어인 "칙칙폭폭" 하고 연기를 내뿜는 감성적 이미지가 가장 먼저 그려진다.

　또 미카 증기기관차는 6·25 전쟁 때 미군 사령관을 구출하기 위해 적진으로 돌진했던 기관차이기도 하다.

　1950년 7월 19일 미 제24사단장 윌리엄 딘 소장이 북한군에 포위되자 구출하기 위해 미군 결사대 30명과 한국인 기관사 3명이 미카 기관차에 타고 적진으로 들어갔으나 적의 집중 포격으로 거의 전사하고 군인 3명과 기관사 2명만 만신창이가 돼 구사일생으로 살아 돌아오게 된다. 그들과 미카 증기기관차가 남긴 전쟁의 참상과 용감한 희생정신은 영화의 소재가 되고도 남을 만하다. 대전현충원엔 그때의 미카3-129기관차가 국가등록문화제 제415호로 지정돼 보관 중이다.

＊추억의 미카 증기 기관차

기찻길에 마음의 자유를 싣고 걷다

　철로 위에 서면 곧게 쭉 뻗은 기찻길을 따라 하염없이 떠나는 상상을 하게 된다. 각자 가고픈 곳으로 훌훌 떠날 듯 자유로운 영혼이 되어 철로를 따라 걷는다.

걷다 보니 공원에 이색적인 조형물들과 수목들이 이채롭다. 이번엔 숨바꼭질하듯 수목들과 조형물 사이를 헤집고 다닌다. 어느새 해가 지도록 집에 들어가지 않고 뛰어노는 어린아이처럼 되었다.

* 기찻길에 서면 마음은 이미 먼곳으로 떠나간다.

* 철도공원에서 놀기

06. 성공 설화의 모티브

완사천이 전하는 이야기

홀가분하게 구진포로와 13번 국도 사이의 숲길을 따라 걷다 보니 금세 나주시청 앞 완사천에 왔다.

* 도로 사이의 숲길 따라 완사천으로 향한다.

완사천은 원래 작은 옹달샘이었다. 완사천 옆엔 버드나무도 있었을 것이다. 나라를 뒤바꾸는 인연은 버드나무가 있는 이 작은 옹달샘에서 시작된다. (〈부록1편〉, 길에 얽힌 못다 한 역사 이야기: P350, 5. 버드나무 사랑 이야기. 참조)

고려 태조 왕건이 나라를 세우기 전 후삼국 시대의 태봉국 궁예의 장군으로 후백제 견훤과 싸우기 위해 나주에 출진했을 때였다. 어느 날 왕건이 이곳을 지나다 샘가에서 아름다운 처녀가 빨래를 하고 있는 것을 본다. 왕건이 말을 붙이고 싶어 물 한 그릇을 달라고 하자 처녀는 바가지에 물을 떠 버들잎을 띄워서 바쳤다. 급히 물을 마시면 체할까 봐 천천히 마시도록 하기 위한 것이었다.

이 처녀는 해상무역으로 부를 축적한 나주 호족 세력인 오다련의 딸이었고 당시 18세였다. 왕건이 후백제를 견제하는 데 중요한 역할을 한 나주 이남 지역을 차지하는 데는 오다련의 협력이 컸다. 왕건은 처녀의 총명함에 끌려 아내로 맞이하였는데 이 여인이 장화왕후 오씨이다.

장화왕후는 제2대 왕 혜종을 낳는다. 그 후 옹달샘의 이름은 빨래 샘, 즉 완사천으로 부르게 됐는데, 천 년이 지나도록 마르지 않았다고 한다. 지금은 지하수에서 직접 끌어온 물이 흐른다. 완사천이 있는 마을은 왕을 용에

비유해 혜종왕이 태어났다는 뜻의 흥룡동이 됐다. 지금도 흥룡동은 나주시 행정지명으로 남아 있다. 완사천 위쪽엔 혜종과 장화왕후를 기리는 흥룡사라는 절이 있었다.

  땅은 인연을 만드는 터가 되고, 우리 국토는 그런 이야기들을 무수히 담고 있다. 사실이든 설화든 삶과 인연을 담은 이야기들은 지금도 새로운 역사를 만드는 바탕이 되고 있다.

조선 태조에게도 같은 설화가?

  그런데 신기한 건 조선 태조 이성계도 신덕왕후 강씨를 만날 때 똑같은 스토리의 버들잎 설화를 갖고 있다.

  왜일까. 고려 태조나 조선 태조나 부인들은 모두 토착세력의 딸이었고 둘째 부인이었다. 물론 왕건의 경우 지방 호족의 입김이 강하던 당시 국가를 중앙집권체제로 하나로 묶는 수단으로 지방 호족의 딸들과 계속 결혼해 29명의 부인을 두었지만, 초기의 이런 스토리는 왕이 된 후에도 토착세력과 결탁한 정략결혼이라는 이미지를 없애고 백성과 가까운 친근한 왕의 이미지를 만들 수 있다. 또 필연적 만남과 왕후의 자질로서 총명함을 어필할 수 있다. 물과 버들, 여성이 갖는 모티브도 빼놓을 수 없다.

  이 이야기가 실화인지 설화인지는 알 수가 없다. 왕건과 장화왕후의 만남은 조선시대 기록인 『신증동국여지승람』과 『금성읍지』에 전해오고 있다. 『나주군지』에도 상세히 나오고 있다. 설화라 해도 이 이야기는 새 왕조 개국에 큰 역할을 했다. 조선 태조 역시 새로 나라를 여는 공통의 과제와 왕권 확보 차원에서 고려 태조의 이야기를 차용했을 수 있다.

다른 시대, 같은 설화가 가진 의미를 생각(《부록1편》, 길에 얽힌 못다 한 역사 이야기: P353, 6. 물·버들·여성의 3박자가 만든 파워. 참조)하게 해 주는 이야기가 아닐 수 없다.

07. 나주곰탕 & 영산포 홍어

5일차 걷기 마치고 저녁은 두 팀으로

　나주시청과 흥룡동을 지나 13번 국도를 따라 1km를 더 걸어 나주 고등학교 앞에서 걸음을 멈추었다. 오늘 아침 9시에 영암 덕진리의 농촌 들판에서 출발해 34km를 걸어왔다. 오후 7시 10분에 사람길 국토종주 5일째 걷기를 마쳤다.

　저녁 식사는 나주곰탕팀과 홍어팀으로 나뉘었다. 곰탕팀 7명은 나주에 왔으니, 나주에 가는 이유가 나주곰탕을 먹기 위해서라는 말이 있을 만큼 유명한 나주곰탕을 맛보기로 했다. 100년이 넘도록 대를 이어온 나주곰탕집은 잔칫집 같은 분위기부터 다르다. 수육과 함께 넉넉한 고기와 깔끔한 국물에 맛도 달랐다.

　홍어팀 5명은 숙소 근처의 영산포 홍어거리로 바로 갔다. 600년 이상 흑산도 홍어가 거래돼 온 홍어의 본고장인 영산포에 왔으니 안 갈 수가 없다.

삭힌 홍어의 탄생

　고려 말 조정은 서해안 섬 사람들이 왜구의 잦은 침입에 피해가 많자 내륙으로 이주시키는 공도정책을 폈다. 흑산도 사람들이 이삿짐을 싸서 먼

* 영산포 홍어 차림

* 나주곰탕 거리의 골목

흑산도에서 바다를 건너고 다시 영산강을 거슬러 내륙 깊숙한 나주 영산포까지 올라오는 머나먼 뱃길에서도 홍어만은 상하지 않았다. 지독한 냄새만 날 뿐 맛도 괜찮고 탈도 나지 않도록 발효가 되었기 때문이다.

영산포로 이주한 흑산도 사람들에 의해 이때부터 홍어가 나주를 대표하는 음식이 되었다. 흑산도에 유배간 정약전은 『자산어보』에서 "나주 사람들은 삭힌 홍어를 즐겨 먹는다"고 소개하고 있다.

나는 홍어를 못 먹어서 못 갔으나 홍어를 안 먹어본 일락은 호기심에 홍어팀을 따라갔다가 그날 밤 내내, 아니 다음날까지 단원들을 웃게 만들어 주었다. 다른 음식을 시켰다가 홍어 맛에 반하곤 식탁을 싹쓸이했던 일화는 그 후 기회 있을 때마다 회자되곤 했다.

그 많던 읍성이 왜 다 없어졌나?

3회 차, 총 6일째_1st

*나주읍성 서성문을 성 안쪽에서 본 모습

08. 나주 원도심 탐방

비 오는 날, 6일째 국토종주 출발

다음날 일어나니 이른 아침부터 비가 꽤 많이 오고 있다. 우비를 챙기고 우중 걷기 채비를 하느라 아침부터 분주하다. 어제 예약했던 식당에서 일찍 식사를 하고 오전 8시, 어제 걷기 마친 나주고등학교 앞에 내렸다.

죽죽 비가 줄기차게 내린다. 모두 우비를 입고 우산도 들고 비 속에서도 출발 단체사진을 찍고 출발식을 한다. 3월 10일 일요일, 사람길 국토종주 여섯 째날 출발이다.

비는 오지만 거리도 깨끗하고 공기도 상쾌하고 마음도 유쾌하다. 금성관으로 가기 위해 좁은 골목길로 들어서는데 첫 느낌이 좋다. 비에 젖은 옛 골목이 무척이나 청아하고 풋풋하다.

＊나주 고등학교 앞, 빗속 출발식

골목길을 나와 나주천을 건너고 다시 골목길로 들어섰는데, 이화빌라 벽면에 '최부와 표해록'이라고 쓰인 큰 입간판이 서 있다.

최부? 표해록?

* 비오는 아침의 청아했던 첫 골목길

『표해록』 저자 최부의 생가터

이곳이 나주 태생의 조선 중기 문신 최부(1454~1504)의 생가터이다. 최부는 제주에 임무 수행차 갔다가 부친상을 당한다.

급히 고향 나주로 돌아오던 중 43인이 탄 배가 풍랑을 만나 대양에 표류하기 시작해, 동지나해에서 해적을 만나고, 구사일생으로 중국에 도착했으나 왜구로 오인받아 몰살당할 뻔하다가 탈출하는 등 죽을 고비를 넘기며 136일 만에야 조선으로 돌아오게 된다. 그는 임금의 명으로 8일 만에 표류기를 썼는데 그것이 『표해록』이다. 중국 역사상 3대 기행문으로 꼽히며 일본까지 번역돼 읽혔던 명저이다.

최부의 호가 금남이어서 이 골목길 이름도 금남길이고, 골목길을 나가 종으로 영산로와 남고문로를 잇는 약 1Km의 길도 금남길이다. 우연히 지나가던 골목길에서 예상치 않았던 옛 분의 향기를 만났다.

해남 땅끝에서 출발한 지 이제 겨우 6일째 맞는 국토종주이지만 오면서 느낀 것이 있다. 꼭 유적지라고 별도로 구별된 곳을 찾아가고 일정 구역 안에 가야만 우리의 역사문화유산을 볼 수 있는 것이 아니라 우리 국토 전체가 유적지라는 생각이 든다.

＊이화빌라 벽면의 '최부와 표해록' 간판

길 위에, 그리고 우리의 생활 속에 우리의 역사와 문화유산이 같이 숨 쉬고 있었다. 이름으로, 터로, 역사로 우리 국토 곳곳에 세밀히 그리고 절절이 배인 그 유산들은 지역민의 자긍심이 되고 우리 삶의 근거가 되고 있었다. 우리의 시각을 넓혀 주고 우리의 통찰력과 사고의 깊이를 더해주고 있었다.

옛 나주의 영화 보여주는 중심지

금성관 옆 너른 주차장 주변엔 카페들이 비가 와 더 운치 있어 보이고 어제 간 나주곰탕 거리도 보인다. 비 오는 조용한 아침에 보니 어제와 다른 동네에 와 있는 것 같다.

주차장 동편 너른 마당에 2층 누각 하나가 우뚝 서 있다. 나주목 관아의 정문인 정수루이다. 정수루엔 "원통한 일을 하소연하고 싶은 자는 이 북을 치라."며 북을 걸어 두었다는 이야기가 전해진다. 그 웅장함과 크기가 과거 나주의 영화를 짐작케 한다.

* 옛 나주목 관아의 정문 정수루

전라도라는 이름이 고려 때(1018년) 전주와 나주의 첫 자를 따서 지어졌듯이, 나주는 호남 지역에서 전주 다음으로 가장 큰 도시였다. 마한과 삼국시대부터 교통의 요충지였고, 조선 후기 곡식 세금 전국 1위를 가능케 했던 나주평야 등 옛 부의 상징인 곡창지대를 보유하고, 내륙에서 바다로 통하는 관문인 영산포까지 있었으니 자연히 남도의 가장 큰 도시가 됐을 법하다.

실제로 나주는 고려 초기부터 정치적으로 중요한 도시였다. 983년(고려 성종 2년) 중앙집권화 정책으로 처음으로 전국에 12목을 둘 때 나주목이 되었다. 1018년(현종 9)에 지방 제도를 완비하면서 12목을 8목으로 조정할 때에도 주목의 위치를 차지했다. 1895년(고종 32) 전국을 23부제로 개편하고 나주 관찰부가 설치될 때까지 1,000년 동안 320여 명의 목사가 파견되며 나주목이 유지되었다. 나주목은 지방관이 파견되지 않은 5개의 속군과 11개의 속현을 거느리고 있었고, 지방관이 파견된 1부, 4군 4현의 영군현을 지휘 감독하는 위치에 있었다.

수부가 나주에서 광주로 바뀐 이유는?

갑오개혁 때 나주에 관찰부가 설치된 이듬해인 1896년 전국이 13도제로 다시 바뀌면서 전라도는 전라남도와 전라북도로 나뉘어졌고 나주 관찰부는 광주로 옮겨갔다. 옮겨간 이유와 계기는 정확히 알 수 없다. 다만 당시 역사 상황으로 추정해 보자면 이렇다.

일본의 주도로 추진된 갑오개혁 때 23부제가 실시(1895. 6. 23.)되면서 나주 관찰부가 설치됐으나 23부제는 480년 이상 유지된 8도제에 익숙하지 않았다. 이듬해 권력의 주도권이 바뀐 조선 정부는 배일친로정책을 펴던 아관파천 중에 시행 1년 조금 넘은 23부제를 전격 폐지하고 종전의 8도제를 바탕으로 5개 도를 남북도를 나눠 13도제를 시행(1896. 8. 4.)한다.

그 전에 을미사변 직후 정권을 잡은 김홍집 내각이 단발령까지 실시하자 일본에 대한 백성의 반발이 극도에 달하면서 전국적인 의병 항쟁이 일어나게 됐다. 이때 전통적인 나주 유림은 의병을 일으켜 관아를 장악하고 개화파 관료로서 23부제 실시 때 나주 관찰부 참서관으로 부임해 온 안종수를 처단했다. 일제와 탐관오리를 물리치고 고종의 대한제국을 옹호하고자 일으킨 의병 항쟁이었다. 때문에 관군이 들어오자 순순히 성을 열어 주었지만, 관군은 지도자들을 모두 처형했고 정부는 이를 '나주민란'으로 규정하게 된다. 나주 관찰부가 나주의 속군이었던 광주로 옮겨간 결정적 이유이다.

민족 주체성과 항일 정신의 상징 나주

이로써 전라남도의 행정·경제·문화의 중심지로서 번성하였던 나주는 1,000년 동안 누리던 지위를 광주에 내주고 쇠퇴하게 되었다. 역사의 회오리 속에서 옛 영화를 잃어버렸지만, 나주는 전통적으로 중앙 정부를 지키려는 의식이 강했다.

대몽 항쟁의 자주정신을 보여준 삼별초나 수탈과 차별에 대항한 사회개혁운동이었던 동학군과 맞서 싸운 것도 그런 이유였다. 외세나 개혁 세력을 배격하고 전통 정부 수호의 정신이 강했던 나주의 민족적 전통과 항일 정신은 그대로 남아 1905년 을사보호조약이 체결되자 나주는 의병 항쟁의 근거지가 된다.

일제에 의해 대부분 훼철

현재 남아 있는 나주목 관아 건물은 객사인 금성관, 내아인 금학헌, 관아의 정문인 정수루만 있고 거의 일제강점기에 훼철되었다. 남게 된 건물도 일제가 관공서와 관사로 사용하기 위해 멋대로 개조해서 사용하므로 그나마 남을 수 있었다. 이 건물들은 나중에 고증을 고쳐 원형 복원 작업을 해야 했다.

그러고 보면 일본은 고래로 우리 민족에게 나쁜 짓을 너무 많이 했다. 국토 전역에 일제에 의해 훼파된 문화재가 산재하고, 자국으로 약탈해 가고 도굴까지 해갔다. 우리나라는 오히려 일본에 문화를 전수하고 가르쳤는데, 은혜를 원수로 갚는 격이다. 우리는 일본의 노략질이 너무 심해서 피해를 방지하기 위해 몇 차례 일본 정벌에 나선 적은 있지만 우리나라가 먼저 일본을 침략하거나 그들의 문화재를 파괴한 일도 없다.

그러나 일본은 왜구의 수백 년에 걸쳐 끊임없던 노략질에서 멈추지 않고 우리 국토를 송두리째 빼앗았다. 식민 침탈도 모자라 문화재를 파괴하고 자원을 약탈하고 인권을 유린하고, 지금까지 역사를 왜곡하고 독도를 일본

땅이라고 우기고, 억지 핑계로 핵심기술 제품 수출 금지까지 이웃 국가에 못된 짓을 너무 많이 하고 있다.

'작은 한양'의 상징 금성관

정수루를 지나니 왼편에 금성관 출입문(외삼문)인 망화루가 나타난다. 금성관은 나주목(목: 정3품 목사가 다스린 조선 시대 가장 큰 규모의 행정단위) 객사로 임금을 상징하는 전패를 모시고 망궐례를 올리는 곳이었고, 관찰사 순행 시 직무를 보거나 중앙 사신의 숙소로 쓰인 공간으로 왕정의 덕과 위엄을 상징하는 곳이었다.

* 망화루에서 금성관내를 내려다본다.

일단 망화루로 올라갔다. 금성관이 한눈에 내려다보인다. 문화재가 다 뻔한 줄 알았는데 이곳은 나를 깜짝 놀라게 했다. 과거 나주목의 위세를 상징하듯 금성관의 규모가 굉장하다. 지방 객사 중 가장 규모가 크다는 말이 실감 난다. 외삼문, 중삼문, 내삼문(터만 남음)의 구조를 갖춰 가히 궁궐에 비유된다. 나주 읍성을 소경小京, 즉 '작은 한양'이라는 부른 자부심이 괜한 허세가 아니다. 금성관의 너른 마당이 비에 흠뻑 젖어 더욱 정갈하고 엄숙한 기품을 뽐내고 있다.

내려서서 금성관 정청을 향해 걷는다. 경복궁 근정전으로 들어서는 것 같은 느낌을 받는다. 마당 가운데의 넓은 돌길을 따라 관찰사나 중앙 사신이 된 양 대접받는 기분이 되어 한 걸음씩 옮겨 중삼문을 통과한다. 옆에 벽오헌을 대동하고 나타난 금성관의 위용이 대단하다.

비 오는 금성관 마당을 전세 낸 듯 독차지하고 거닐다가 나주목의 역사를 모아 놓은 것과 같은 비석 구역을 마지막으로 감상한 후 과거에서 현재로 시간 이동을 하듯 다시 밖으로 나왔다.

* 지방 객사 중 규모가 가장 큰 금성관이 비에 흠뻑 젖은 채 엄숙한 기품을 뿜어내고 있다.

09. 그 많던 읍성이 왜 다 없어졌나?

나주 목사 내아와 팽나무의 기적

다시 정수루를 지나 나주목 문화관 옆에 나주목사 가족 거처이던 내아 금학헌 앞을 지난다. 왕에 비유된 옆의 금성관은 웅장한 데 반해, 나주목사의 살림집이던 내아는 작고 소박하다. 금학헌은 일제강점기부터 1980년대까지 나주 군수의 관사로 사용하면서 변형되었으나 최근에 복원하여 숙박체험공간으로 사용되고 있다.

＊숙박체험공간으로 사용되고 있는 나주목사 내아

내아 담장엔 500년 수령의 팽나무가 있는데, 이 팽나무가 참으로 신기하다. 1980년대 태풍 때 벼락을 맞아 두 쪽으로 갈라졌다. 폐사될 위기였는데, 나주 사람들이 두 쪽이 난 나무를 묶고 소생하길 기원하자 기적처럼 다시 살아난 것이다. 이후 벼락 맞고 살아난 이 팽나무를 사람들은 나주를 지켜 주고, 행운을 가져다 주는 영험한 나무로 믿게 되었다.

관아로 이어지는 옛길 둑제사길

나주읍성의 서문(서성문)인 영금문 방향으로 가는 골목길로 들어섰는데, 이 좁은 골목길이 '둑제사길'이다.

이 길은 서성문에서 관아로 이어지는 옛길로, 둑신을 모시는 둑제당이 있었다 해서 둑제사길이라고 한다. '서부길'이라고도 하는데 아까 지나왔던 최부 생가터를 비롯해 나주읍성 중심부의 서쪽 주요 명소를 거치는 3km의 걷기 좋은 나주읍성 골목길 탐방 코스로 조성돼 있다.

좁은 골목을 나오면 바로 나주읍성 서문이 보인다. 지금은 위용 있게 서 있지만 2011년에 복원된 것이다. 국내의 읍성 가운데서도 규모가 가장 크고 오래됐던 나주읍성(1404년, 고려 태종 4년에 축조 추정)은 임진왜란 때 파손되어 대대적인 보수를 했었는데, 일제강점기에 또 모두 철거되었고 성벽도 크게 훼손되었다.

* 옹성이 같이 있는 성문 밖에서 본 서성문

그 많던 읍성이 왜 다 없어졌나?

 조선 시대 내륙 지방의 큰 고을과 해안 근처의 고을에는 으레 읍성이 있었다. 백성들은 왜구의 침략에 대비하고 생명과 재산을 보호하기 위해 읍성을 쌓고 그 안에 살았다. 읍성이 대개 하삼도(충청·전라·경상)에 위치하는 이유이다. 남부지역 읍성(산성 제외)만 100여 개소(『동국여지승람』 95개소, 『동국문헌비고』 104개소로 기록)나 되었다.

 이들 읍성은 조선 말기까지 존재했다. 그러나 을사조약 이후 본격적으로 '조선 지우기'에 나선 일제는 1910년 '읍성 철거령'을 내리고 서울을 비롯 각 도시에 있는 조선의 읍성을 대부분 부숴버렸다.

 전남 지역에 소재한 읍성도 확인된 것만 15개에 달했지만 온전히 남아있는 순천 낙안읍성을 제외하면 모두 강제 철거됐고 성문과 성벽, 읍성 내 관아 건물들 대부분이 흔적도 없이 사라졌다. 일본은 자기네 유적은 그렇게 소중히 가꾸고 자랑하면서, 우리 유산은 최대한 없애는 데 모든 궁리를 했고 실행에 옮겼다.

 나중에 나주읍성은 남문(1993년), 동문(2006년), 서문(2011년)을 차례로 복원하였고, 마지막으로 2018년에 북문을 복원했다. 복원은 쉬운 일이 아니다. 복원 자체도 힘들고, 성문 일대 거주민의 이주 문제까지 해결해야 한다. 일제 강점기 때 나주읍성의 4대문이 모두 철거된 후 4대문이 다시 복원되는데 100년이 넘는 세월이 걸렸다.

비 오는 호수에서 비에 젖으며

3회 차, 총 6일째_2nd

10. 성균관 재건의 표본이 된 나주향교

비 오는 교동 향교길

* 나주향교 표지석과 하마비

나주읍성 서문 밖은 교동이다. 교동은 향교가 있는 동네임을 뜻해 우리나라 각 지역마다 교동이 있는 곳이 많다. 나주향교까지 50m의 짧은 교동 향교길에 옛길의 향기가 물씬 풍긴다. 보기 드문 옛 흙담이 쳐진 한옥집과 2층도 없는 옛날 그대로의 집들의 거리에서, 오늘 비에 젖은 옛 도시의 오래된 동네를 걷는 행복감에 젖는다.

드디어 유난히 큰 하마비가 보이고 그 안 쪽으로 나주향교의 외삼문이 나타난다. "신분의 고하를 막론하고 누구나 이 앞에서는 타고 가던 말에서 내리라."(大小人員皆下馬)는 뜻을 새긴 하바미는 각 궁궐의 정문 밖, 종묘 입구, 성균관을 비롯한 각 지방의 문묘 밖, 왕장이나 성현, 고관의 분묘 앞에 세웠다. 성현과 선열에 대한 경의의 표시이다.

성균관 재건의 표본이 된 나주향교

나주목의 위상에 걸맞게 나주향교는 전국 향교 중 최대 규모와 격식을 갖춘 중요한 문화유산이다. 들어가서 보고 싶은 마음 굴뚝같지만 지금 시간이 오전 8시 35분, 아직 문을 열기 전이다.

*최대 규모인 나주향교는 전면에 문묘를 두어 격식을 갖춘 대로 담장 밖 정면에서 보면 대성전 앞의 중삼문이 가장 먼저 보인다.

정문에서 대성전이 보이진 않지만 서울 문묘와 같은 전묘후학(앞쪽 제사, 뒤쪽 배움) 형식대로 앞쪽에 배치된 대성전은 서울 문묘, 장수 향교, 강릉 향교와 더불어 향교 건축물 가운데 가장 장중한 건물로 꼽힌다. 임진왜란 때 소실된 서울 문묘 대성전을 재건할 때(1602년, 선조 35년) 이 건물을 표본으로 삼았다고 전해질 정도로 대성전 건물의 전형이 되어 있다.

'성균관 스캔들' 드라마 촬영한 서재

유생이 잠을 자고 공부하던 동재와 서재의 규모도 엄청나다. 당시 나주향교에서 공부하던 유생이 많았음을 짐작케 한다. 조선 성종 땐 나주향교의 교생 10명이 동시에 과거에 급제하기도 했다. 고려, 조선시대에 걸쳐 나주의 인물이 관직에 많이 올라 '인물의 보고'라고 불린 데엔 나주향교가 있었다.

서재는 '성균관 스캔들'이란 드라마에서 유생들의 기숙사를 촬영했던 장소로도 유명하다.

11. 비 오는 호수에서 비에 젖으며

운무 싸인 산 아래 비 오는 한수제

나주향교까지 나주읍성 탐방이 모두 끝났다. 나주읍성 뒤로는 금성산이 있다. 나주가 금성산을 배경으로 앞쪽에 영산강을 낀 배산임수의 천혜의 지형을 갖게 해 준 나주의 진산이다. 임진왜란 때 나주향교가 위험에 처하자 대성전 수복이었던 김애남이 죽음을 무릅쓰고 성묘 위패를 숨겼던 고마운 산이기도 하다.

이제는 나주의 자연을 느끼러 그 금성산의 자락길을 향해 길을 나선다.

주욱주욱 내리는 비 속에 길을 나서자마자 풀 나무들이 더욱 청초한 모습으로 맞아 준다. 나주향교에서 불과 300m 거리의 금성산 자락에 봄 벚꽃길로 유명한 한수제가 있다.

댐 위로 올라서는 순간, 비 오는 산자락에 잔뜩 운무를 머금은 한수제가 신비의 호수처럼 나타난다. 타닥타닥, 호수에서 듣는 빗소리마저 아름답다.

호수를 간직한 사람들

비 오는 호수에 서면 세상없는 깨끗함 속에 모든 것이 순결해지고, 나마저 순수한 명상에

*비 듣는 한수제가 그윽하고도 신선하다.

들고 만다.

　비 오는 호수에서 비에 젖으며, 비 듣는 세상을 바라봅니다. 이재호 시인의 〈비 듣는 호수에서〉에서 말한 우리 사는 세상을 떠올려 본다.

　"고독과 같은 빗줄기가, 내 삶 위에 뒤척일 쯤, 사람들이 하나씩, 호수를 간직하고 있다는 것을 알게 되었습니다."

　그래. 삶을 사는 모두가 호수를 간직한 사람들. 호수처럼 마음 깊이 간직한 진실을 나누며 사는 사람들로 인해 세상이 아름답다. 오늘은 비가 와서인지 산천초목까지 더 아름다워 보인다.

　호수를 나와 벚꽃길을 건너니 바로 금성산 등산로가 나타난다.

12. 금성산 자락길과 정렬사

명품 숲길 금성산 자락길

　숲속으로 들어서서 조금 오르면 해발 100m쯤부터 금성산 자락길이 시작된다. 숲속 길을 조금 걸으니 나주 시내를 눈 안에 담아 볼 수 있게 탁 트인 곳이 나온다. 방금 지나온 거리도 저 시내 안에 있을 것이다. 비 오는 나주 시내를 배경으로 사진 컷을 남기고 다시 숲속 길로 들어선다.

　촉촉이 젖은 숲길이 무척이나 아름답다. 곳곳에 놓인 벤치가 숲길의 운치를 더한다. 부엽토와 낙엽이 길에 쌓이고 쌓여 이른 아침부터 비가 오고 있는데도 하나도 질척이거나 미끄럽지가 않다.

자연 융단이 깔린 명품 숲길 금성산 자락길

* 정렬사로 내려가는 길

  자연 융단이 깔린 명품 산책길을 1.5km쯤 걸어, 김천일 장군의 사당인 정렬사가 있는 곳으로 내려섰다.

유일한 의병장

  우리나라를 지켜 주신 또 한 분의 위인을 만난다. 조선 중기의 문신으로 임진왜란 때 최초로 의병을 일으킨 김천일 장군은 국가의 존망이 눈앞에 놓였을 때 수도 한성 수복을 위해 최초로 북상 진군한 의병장이었다. 전라·충청·경기·경상 4도에 걸친 광범위한 지역에서 2년간을 그침 없이 활동한 유일한 의병장이기도 하다.

  임란 최대 격전장이던 진주성 전투에서 수성군의 주장으로 가공할 10만

왜병을 맞아 밤낮으로 9일간이나 계속된 100여 전의 악전고투 끝에 장자 상건과 함께 장렬한 최후를 마쳤다.

영원한 우리나라를 물려주기 위해 아들과 함께 목숨을 내어 주신 분의 고귀한 혼이 이곳에 잠들어 있다. 그 고귀한 희생을 무엇으로 다 감사할 수 있을까. 아름다운 금수강산을 간직한 우리의 국토를 지금 이렇게 순례할 수 있게 해 주신 분, 세계 10위권대의 경제대국으로 우리나라를 지금 이 자리에 서 있게 해 주신 위대한 선열 앞을 머리를 숙여 지난다.

아름다운 수변공원의 추억

이어 동산대학교 옆길을 타고 내려와서 13번 국도를 건너 상가 골목을 지나니 데크 계단 아래 아름답기 그지없는 수변공원 대호제가 나타난다. 대호제는 원래 농사용 저수지이지만 아까의 한수제와 분위기가 다른 수변 공원의 역할을 동시에 하는 호수공원이다. 공원 숲과 넓은 초록 잔디, 데크길, 연꽃이 무수히 심어져 있는 호수와 수변데크가 비가 와 더욱 아름답고 이색적이다.

호수 옆, 마음을 편안하게 해 주는 어린 나무 숲과 너른 잔디밭을 지나 수변데크를 따라 호수 위를 걷는다. 댐 위로 오르기 전, 호수를 뒤로하여 단원들은 노랑, 파랑, 빨강 삼원색의 우의 패션 쇼도 펼치고, 흑백의 바둑 돌 색 우의도 나란히 진한 추억을 남긴다. 길 위에서 장난도 치고 자유로움을 만끽하며 걷다 보면 먼 종주 길도 흥이 나고 시시때때로 변하는 주변 환경과 경치를 같이 즐길 수 있다.

* 수변공원을 겸한 아름다운 대호제를 지난다.

13. 하루가 다르게 변모하는 나주시

옛 영화 찾는 나주혁신도시

　산책로가 조성돼 있는 댐 위를 걸어 댐 아래쪽으로 오니 이곳부터 농토 지역이다. 방금 전 걸어 온 금성산 동쪽 시내가 아파트가 즐비한 신도시 지역이었고 이 농지에도 길 하나를 사이에 두고 나주경찰서가 있어 시골과 도시가 혼재된 모습이다. 도시가 커지면서 전통 시골을 잠식해 들어오고 있는 느낌이다. 나주는 최근 10년도 안 되는 사이에 놀랍게 변했다.

　나주는 노무현 정부(2003~2008) 때 결정된 혁신도시 정책에 의해 광주와 공동으로 광주전남공동혁신도시(나주혁신도시)를 유치한 이후 옛 영화를 빠른 속도로 되찾아가고 있다. 2014년 영산강 동남쪽에 설치된 나주시 빛가람동이 그곳이다. 한국농어촌공사와 한국전력공사를 비롯해 농수산식품유통공사, 한국방송통신전파진흥원 등 무려 16개의 공공기관이 이곳으로 이전해왔다.

　지인이 근무하는 한국농촌경제연구소도 호젓하게 자리 잡고 있던 서울 홍릉에서 이곳으로 이전해 왔다. 서울에서 가족과 함께 잘 지내던 지인은 이곳으로 온 이후 아이들과도 떨어져 지내는 주말부부가 됐다. 나중에 가족은 아예 가까운 대전으로 이사왔다. 그러고 보니 혁신도시 정책이 처음엔 의구심도 많았지만 의도했던 대로 국토의 균형 발전과 인구 분산 효과를 본 것은 맞는 것 같다. 오늘 걷기 끝나고 서울 올라갈 때 지인을 오랜만에 만나기로 했다.

길을 잃고 헤맨 곳

나주상업고등학교 쪽으로 시골마을과 과수밭이 있는 구릉을 지나니 나주북초등학교부터 넓게 아스팔트가 깔린 신작로가 나온다. 길가의 집들도 새로 들어선 것 같은데, 우리가 가야 할 방향인 청동앞들로 갈 길이 보이지 않는다. 신작로가 생기면서 옛길이 없어진 것이다. 순간 당황스럽다.

혁이는 이때 상황을 당시에 자신이 쓴 후기에서 이렇게 회상했다.

"걷다 보면 난관이 생긴다. 지도에 없던 하얀 조립식 건축물이 만리장성이 되어 정예 12인의 길을 막는다. 난 동네 중국집 배달원의 조언에 빠졌지만, 제갈공명 같은 단장님은 돌파의 책술로 우리를 이끄신다. 효율성, 현명함 그리고 진정한 산책로를 찾는 결단력은 단장님이 최고시다."

아무리 힘든 길을 가도, 모험 길도 예쁜 길처럼 한결같이 즐기고 마음을 모으고 끝까지 믿고 따라 준 단원들이 고맙다.

집 뒤의 밭두렁과 자연 구릉지대의 수풀지역을 통과해 청암길로 내려섰다. 청동의 시골 마을들을 지나고 호남선 밑을 통과하는 동안 내내 길 바로 옆으로 비가 차 오른 작은 논밭들이 정겹다.

* 비가 차오른 논밭들이 정겹다.

14. 학철지어 같았던 조그만 정자

쉴 곳이 필요하다

그러나 계속된 비로 한번 앉아서 쉬어 보질 못해 정비도 필요하고 일찍 아침식사를 한 탓에 배도 고프다. 쉴 만한 곳이 보이지 않아 피로한 다리를 이끌고 걷고 있었는데, 앗! 저 앞에 석축 조경공사를 해 놓은 듯한 곳에 신축 정자(혁이 표현은 '민가의 미완성 정자') 하나가 보인다. 사유지 같아 보이는데 저곳에 가도 될지 고민스럽다.

그러나 쉼이 필요한 상황이므로, 주인이 나타나면 사정을 얘기해 볼 요량으로 정자로 향했다. 가까이 가니 물이 흐르지 않는 인공 조성된 시내와 돌다리가 있다. 그 옆 석축 위 정자에 드디어 앉았다.

* 조경 시설물 다리를 지나 드디어 조그만 사설 정자에 앉았다.

지친 우릴 맞아 쉼을 준 조그만 정자

갈급했을 때 맛보는 달콤한 휴식이다. 주섬주섬 각자의 배낭에서 콜라비, 딸기, 미숫가루, 말린 고구마, 커피가 나온다. 구운 오징이를 가늘게 썬 일락이 가져온 맛오징어도 인기다. 물이 찬 신발을 벗어 물을 닦기도 하고, 양말을 갈아 신는 등 필요한 정비를 한다.

누군가 지어 놓았을 정자 하나가 천금 같은 휴식을 준다. 크고 화려해야 좋은 쉼터인 것은 아니다. 아무리 작은 것이라도 필요할 때 있어야 큰 도움이 된다. 마치 학철지어 같다.

전국시대 말기에 송나라의 사상가 장자는 학문할 때 너무나 가난했다. 더 버틸 수 없게 되자 잘 사는 친구에게 곡식을 빌리러 찾아갔다. 친구가 말했다. "내가 지금부터 세금을 받아서 자네에게 삼백금을 빌려주겠네." 장자가 답했다. "내가 여기를 오는 길에 수레바퀴 자국에 고인 물에 붕어 한 마리가 숨을 헐떡이고 죽어가면서 물 한 되만 달라고 하지 뭔가. 내가 '남쪽 월나라와 오나라의 임금을 만나고 와서 저 서강의 물을 끌어와 너에게 주겠네.' 하니 물고기가 '저는 당장 한 되의 물이 없어 죽어가니 나중에 건어물점에서 저를 찾으시는 게 빠를 것 같습니다.' 하지 뭔가."『장자』'외물'편에 나오는 이 얘기로 '수레바퀴 자국에 괸 물에 있는 붕어'라는 한자성어 '학철지어涸轍之魚'는 당장 긴요한 것을 해결하는 것을 말할 때 쓰인다.

쉼이 필요할 때 지친 우릴 두 팔 벌려 맞아준 나주 청동의 조그만 정자, 지금도 국토종주 중에 잊지 못할 고마운 장소로 기억되고 있다.

갈대의 울음은 노래가 되고

3회 차, 총 6일째_3rd

*황소를 탄 피리부는 소년 조형물이 뒤의 끝없는 초지와 어울려 한 편의 동화를 연출한다.

15. 갈대의 울음은 노래가 되고

앞이 보이지 않는 수풀을 헤치고

재충전해서 출발이다. 다행히 비가 점점 잦아들고 있다. 개량주택들이 깔끔한 월림마을과 신월마을을 지나니 제방이 나타난다. 제방으로 나서는 순간 제방 아래로 눈이 번쩍 뜨이게 광활한 갈대밭과 하천이 펼쳐진다.

＊영산강 갈대밭을 만나기 전 월림마을을 지난다.

장성천과 지석천이 영산강으로 합류하는 지점이다. 세물머리인 셈인데, 강물보다 갈대밭이 더 많이 보이는 자연 생태습지가 광범위하게 조성돼 있다.

조금도 주저함 없는 단원들

이럴 때 이미 준비된 '사람길 국토종주단'의 위력이 나타난다. 처음부터 쉬운 평길 찻길로 가는 국토종주가 아니라 우리 국토의 숨결을 느끼기 위

* 제방 내려오기 전에, 미리 나주에 작별 인사하기

한 탐험을 선택한 걸음이기 때문에 길 없는 제방 아래로 내려서는 데 조금도 주저함이 없다.

앞이 보이지 않는 수풀을 헤치고 나아간다.

갈대숲을 뚫고 나오니 이번엔 지금까지 못 봤던 가장 긴 징검다리가 나타난다. 영산강과 합류하는 장성천 하구를 건너는 것이다.

* 제방을 내려와 우거진 갈대숲을 헤치며 통과한다.

공원이 아니어도 이런 자연생태습지엔 조사나 관리를 위해 조성해 놓은 길이 있다. 장성천을 건너 갈대밭 사잇길을 통과해 정자가 놓여 있는 영산

* 장천강 하구의 긴 징검다리를 건넌다.

강의 제방길로 올라선다. 올라서는 중에 뒤를 돌아보니 우리가 통과해 온 갈대습지가 끝이 안 보이도록 온 세상을 덮고 있는 듯 광활하기 그지없다. 광대한 자연 갈대밭을 배경으로 기념사진을 안 남길 수 없다.

* 건너온 끝없는 갈대습지를 배경으로

이름 없는 수변생태공원

올라서서 조금 가니 별도의 공원 이름이 없는 수변생태공원 안내판이 나온다. 전면에 보이는 영산강 생태 습지가 이렇게 광활하고 이렇게 멋진 자연미를 보여 줄 수 있나 놀랍다.

공원으로 내려선다. 습지공원 속에 설치된 원형 데크가 마치 우주선이라도 내렸던 자리처럼 신비한 모습으로 나타난다. 공원엔 곳곳에 데크가 설치돼 있어 생태습지의 탐방을 돕고 있다.

*저 곳으로 들어간다.

연약한 갈대의 노래

*습지공원 한가운데 원형데크가 신비롭다.

*원형데크 쉼터에서 즐거운 한 때

　습지에 보이는 건 갈대밖에 없는 갈대밭 한가운데의 원형 데크에 앉았다. 습지와 한 키 넘는 갈대밭이 싸고 있는 대자연의 한가운데에 시간이 정지된 듯 푹 파묻혀 버렸다. 갈대는 바람에 따라 쉼 없이 흔들리고 쏴악쏴악 소리를 낸다.

　"바람도 달빛도 아닌 것, 갈대는 저를 흔드는 것이 제 조용한 울음인 것을 까맣게 몰랐다"고 읊었던 신경림 시인의 〈갈대〉 시가 생각난다. 산다는 것을 갈대의 속 울음에 비유한 시인의 시가 마음에 파고 든다.

 울음은 연약하고 불완전한 존재의 상징이지만, 그렇기 때문에 인간은 서로 의지하고 협력하며 살아갈 수 있다. 갈대와 같은 존재, 속으로 울 뿐인 우리는 각자의 연약한 몸을 서로 의지하고 부대끼며 인생의 끊임없는 바람 앞에 같이 서 있는 것이다.

 싸움을 그친 갈대의 노래가 아름다운 합창을 만들고 있다. 우리만 이 대자연의 하모니를 즐기기엔 아깝다는 생각이 든다. 많은 사람들이 이 이름 없는 수변생태공원의 아름답기 그지없는 갈대밭 속의 대자연을 느꼈으면 좋겠다.

* 수변생태공원에서 나와 제방으로 올라선다.

선뜻 넘지 못했던 나주와 광주 경계선

습지 들판 한가운데를 걸어 잔디마당으로 가니 한 아이가 소를 타고 피리를 불고 있는 목가적 조형물이 뒤의 너른 초지를 배경으로 무한 감성을 자아낸다.

언제 지나왔는지 모를 약 2km의 생태길이 끝나고 제방길로 잠시 올라섰다가 다시 제방 바로 밑에 난 길로 내려서자 약 20cm 정도쯤 되는 나주와 광주의 경계선이 보인다.

와! 광주 그리고 그 동안 걸었던 나주……, 설레고 또 설렌다. 순전히 두 발로 하나라도 더 보고 알고자 이리저리 발걸음을 옮겼던 나주 땅과 이제 이별이다.

시루떡을 주신 아주머니, 삽사리를 선뜻 건네주신 아저씨, 100년 만에 복원된 나주읍성 성문, 비 오는 호수의 추억과 나주의 자연과 들판, 이 땅을 지켜낸 위인들의 자리, 흔쾌히 지나는 길손의 쉼터가 되어 준 조그만 정자까지 모든 것이 눈물 나도록 고맙다.

단지 굵게 그어 놓은 선 하나뿐인데 이 선 하나를 넘기가 이렇게 쉽지 않을 수가. 선뜻 한 발이 떨어지지 않는다. 그러나 우리는 중단 없이 가야 한다. 우리 국토의 무한한 아름다움과 새로운 이야기가 기다리는 곳으로 순례를 이어가야 한다. 모두 같은 마음이다. 폴짝 뛰어넘기도 하고, 꼭 다져 밟고 넘기도 하며 드디어 경계선을 넘어섰다. 이제부터 빛고을 광주다.

*이 선을 넘으면 빛고을 광주다.

부록

<부록1> 길에 얽힌 못다 한 역사 이야기

1. 만덕산 오솔길 이야기_ 다산과 혜장의 세기적 우정
2. 다산을 살린 주막 이야기_ 신유박해의 생존자
3. 시간은 치유의 힘이 있다_ 다산 유배지 극복기
4. 우리네 어머니의 표상과 한석봉이야기_ 석봉체의 완성
5. 버드나무 사랑 이야기_ 생사를 초월한 홍랑의 사랑
6. 물·버들·여성의 3박자가 만든 파워_ 성공 설화의 모티브

<부록2> 사람길 국토종주 일지 및 걷기 경로

1. 해남·강진·영암·나주 편 경로 지도
2. 회차별, 일별 구간 현황

<부록3> 사림길 국토종주 준비 사항

1. 장거리 걷기여행시 필요한 용품
   ① 신발 ② 스틱 ③ 양말
   ④ 의복 ⑤ 배낭 ⑥ 이외 오래 걷기 위한 준비물
2. 배낭 꾸리는 방법
3. 장시간 걷기 위한 방법

<부록4> 찾아보기

<부록 1>

길에 얽힌 못다 한 역사 이야기

1. 만덕산 오솔길 이야기

* 이어지는 곳: P137, '호젓한 백년의 길'

다산과 혜장선사의 만남

다산과 혜장이 만난 사연은 해남 대흥사에 있는 혜장선사 탑 비문에 나와 있다. '아암장공탑명'이라 하는데 다산이 지은 글이다.

'신유년(1801) 겨울에 나는 강진으로 귀양을 왔다. 이후 5년이 지난봄에 아암이 백련사에 와서 살면서 나를 만나려고 하였다. 하루는 시골 노인의 안내를 받아 신분을 감춘 채 그를 찾아보았다. 한나절을 이야기하였지만 그는 나를 알아보지 못하였다. 작별하고 북암에 이르렀는데 해질 무렵 아암이 헐레벌떡 뒤쫓아와서 머리를 숙이고 합장하여 말하기를 "공께서 어찌하여 사람을 속이십니까? 공이 바로 정대부 선생이 아니십니까? 빈도는 밤낮으로 공을 사모하였습니다."라고 하였다. 그리하여 다시 돌아와 아암의 방에서 함께 자게 되었다.'

밤새 차를 마시며 '주역'에 대해 이야기했는데, 혜장은 입에서 구슬이 구르듯, 물이 도도하게 흐르듯 막힘이 없었다. 과연 혜장은 일찍이 전남 해남의 대둔사(현 대흥사)로 출가하여 나이 30세에 두륜회(학승들의 학술대회)

의 주맹이 될 만큼 불교와 유교에 밝은 승려가 틀림없었다. 그러나 혜장은 유학에서는 다산의 깊이를 넘어설 수 없었다. 밤이 늦어서야 혜장이 처량하게 탄식했다.

"산승이 20년 동안 주역을 배웠지만 모두가 헛된 거품이었습니다. 우물 안 개구리요, 술 단지 안의 초파리 격이니 스스로 지혜롭다 할 수 없습니다."

이때 혜장은 34세, 다산은 44세였다. 이후 두 사람은 벗이 되어 자주 만난다. 혜장은 다산의 심오한 학문 경지에 감탄하여 배움을 청했고, 다산 역시 혜장의 학식에 놀라 그를 선비로 대접하였다.

특별한 인연

다산이 혜장에게 차를 배웠다는 말은 사실이 아니다. 다산은 젊을 때부터 차를 즐겼고, 21세 때 지은 시도 전한다. 그러나 다산은 유배의 울화가 쌓인 답답한 체증 치료를 위해 혜장을 만난 뒤부터 차를 본격적으로 마시기 시작했다. 이를 도우려 혜장은 백련사 부근에서 자라는 어린 찻잎으로 차를 만들어 보은산방에 있는 다산에게 보내주곤 했다.

다산은 차가 오지 않으면 혜장에게 차를 간설하게 요정하는 걸명의 시를 지어 보내기도 하고 '혜장이 날 위해 차를 만들었는데, 때마침 그의 제자 색성이 내게 차를 주었다며 보내주지 않으므로 그를 원망하는 말을 하여 (차를) 주도록 끝까지 요구하였다.'라는 긴 제목의 시를 남긴 것을 보면 혜장의 차 만드는 솜씨가 어떠했는지 짐작이 간다.

다성으로 추앙받는 초의선사를 다산에게 소개해 준 이도 혜장이었다. (초의선사와 다산의 인연은 다음에 백운동 원림에서 얘기하기로 한다.)

다산에게 혜장은 외로운 귀양살이를 잊게 해 준 귀한 벗이었고 혜장에게 다산은 갈망해 왔던 배움의 갈증을 해갈해 준 스승이었다. 혜장의 호인 아암도 거침없고 직선적인 혜장의 성격을 아이처럼 고분고분해지라는 뜻으로 다산이 지어 주었다.

다산이 초당으로 거처를 옮긴 것도 백련사의 혜장과의 거리가 가까워서였던 것이 큰 이유였다. 두 사람은 수시로 서로를 찾아 학문을 토론하고 시를 지으며 차를 나눴다.

초당과 백련사를 직선길로 이어주는 만덕산 오솔길은 친구의 소중함을 말 없이 웅변해 주고 있다. 이 길을 닳고 닳도록 오갔을 두 사람의 세기적 우정이 흙 한줌 돌 마디마다 새겨 있다.

슬픔이 만든 힘

그 소중했던 친구 혜장선사는 1811년 40세의 이른 나이에 세상을 뜨게 된다. 다산이 해배되기 8년 전의 일이다. 다산은 혜장의 묘비를 직접 쓰고 "논어와 성리의 깊은 뜻을 잘 알아 유학의 대가나 다름없다."고 적었다. 차와 학문을 나누고, 인생을 나누던 친구의 갑작스런 죽음에 다산은 마음을 가눌 길 없었다. 다산은 손수 지은 제문을 읽으면서 혜장의 영혼을 위로했다.

슬프구나
연잎이 때 되어 물을 뚫고 나왔으나
붉은 꽃봉오리 피지는 못했네…
작은 청개구리만 푸른 잎에 올라
종일토록 얌전히 앉아만 있네

다산은 슬픔에 잠겨 앉아 있는 자신의 모습을 청개구리에 비유했을 것이다.

자신이 귀양살이를 하고 있다는 사실조차 잊을 정도로 마음에 위로가 되었던 혜장의 죽음은 너무나 큰 충격이었다. 유배생활의 유일한 의지를 하루아침에 잃은 고독감이 밀려왔다. 다산은 초당 앞에 또 하나의 초당(서암)을 짓고, 다시 뒤편 기슭, 구강포가 한눈에 들어오는 곳(지금의 천일각 자리)에 누각 취성재를 지어 혜장을 추모했다. 혜장 입적 이후 한동안 다산은 이 취성재를 떠나지 않으면서 구강포를 오르내리는 범선만 바라보았다.

한 점 연기 돛대에 아롱지고
갈매기 떼는 갔다가 돌아오네
배에 앉은 자 한가롭게 보이지만
내 마음 한가함에 따라올 수 있으랴

그렇게 한동안 세월을 흘려보내고 나서, 초당 앞 연못에 고기를 살게 하고, 주변에 돌난간을 만들고 또 꽃나무를 심었다. 이윽고 저술에 전념하기 시작했다. 혜장을 잃은 고적함이 혜장을 잊기 위해 저술에 전념하는 힘으로, 열정으로 승화됐다. 다산초당은 다산학의 산실로 다시 한번 일신하게 된다.

이 만덕산 오솔길엔 혜장과 만들었던 우정, 숱한 사연, 기쁨, 슬픔, 외로움, 열정, 삶의 모든 인생역정이 고스란히 내려앉아 있다.

2. 다산을 살린 주막 이야기

* 이어지는 곳: P165, '여성 차별 이야기 꺼낸 주모'

신유박해의 생존자

지금은 다산 실학의 첫 성지로 수많은 사람이 찾아오는 이곳에 처음 다산이 왔을 때를 떠올려보게 된다.

형제들과 함께 한때 천주학에 심취했던 다산은 여러 차례 사학(천주학)의 원흉으로 지목받으며 위기에 몰렸지만, "100년 만의 재상 재목 그대밖에 없다."고 다산을 알아주고 극진히 아끼던 정조의 특별한 보호 속에서 여러 차례 위기를 모면한다. 그러다 갑자기 정조가 승하한다. 다산에게 하늘이 무너져 내리는 슬픔이자 인생 고생길의 시작이었다.

순조 원년인 1801년 초 다산의 형인 정약종의 이른바 '책롱사건'(책을 넣는 농짝에 천주교 관련 물건을 운반하다 발각된 사건)을 기화로, 어린 국왕을 끼고 정권을 틀어쥐게 된 노론은 조정에 남아 있던 남인 세력의 씨를 말리고자 '신유박해'를 주도한다.

형 정약종, 자형 이승훈, 사돈 홍낙민 등 다산의 친인척과 천주교회 거목들이 줄줄이 처형되고 다산과 형 정약전은 모진 고문 뒤 기적적으로 목숨을 건졌다. 다산은 경상도 장기현으로, 형은 전라도 신지도로 귀양살이를 떠났다. 그런데 그해 가을 다산의 조카사위 황사영의 백서 사건이 일어나면서 다산 형제는 다시 체포되어 한양으로 압송된다. 조정은 다산이 이들과 연루된 흔적을 찾지 못하자 형 정약전과 함께 다시 남도 땅으로 유배시킨다.

머리 둘 곳 없던 '파문괴장'

나주 율정에서 형님과 기약 없는 이별을 한 다산은 혼자 혹한 속에 누릿재를 넘어 강진 읍내로 들어섰다. 그때가 1801년 11월 23일이다.

도착 신고를 하려고 관아 문을 들어서 현감 앞으로 끌려갔다. 당시 현감은 정적 이안묵이었다. 그는 6년 전 사학의 폐단과 자신을 저격한 상소를 올린 자였다. 그때 상소를 본 정조는 "악착스럽고 잔인하고 각박하다."며 이안묵의 대간직을 삭탈하고 향리로 쫓아버렸다. 그 후에도 이안묵은 계속 남을 해치는 상소로 물의를 일으키다 종6품으로 강등돼 4개월 전 강진 현감에 좌천돼 내려온 상태였다.

유배객의 거처는 현감이 정해 주는 것이 관례지만, 다산이 고생하는 걸 보려던 이안묵은 거처도 정해 주지 않고 다산을 길 밖으로 내쳤다. 고을 백성들에겐 "사학 죄인을 받아 주면 그저 두지 않는다."는 엄명을 전해 둔 뒤였다.

관아를 벗어난 다산이 막막한 어둠이 밀려오는데 갈 곳은 없고 집집마다 문을 두드려도 아무도 내다보지 않는다. 훗날 다산은 '다신계절목'에서 당시 성황을 이렇게 회상했다.

"처음 왔을 때는 백성들이 모두 두려워하여 문을 부수고 담장을 허물며 (파문괴장) 편히 지내는 것을 허락하지 않았다."

'파문괴장'이라고 한 것은 '재수 없으니 썩 꺼지라'는 적대행동을 표현한 것이다. 유배 초기 다산의 생활이 어떠했을지 짐작케 한다.

다산을 살린 주막

　매서운 추위 속에 한 집 한 집 더듬어 나가던 다산의 발길이 어느새 읍내를 가로질러 동문까지 이르렀다. 동문 너머엔 더 이상 희망마저 사라진 검은 들판만 어둠을 삼키고 있을 뿐이었다.

　더 이상 갈 데가 없다. 다산은 그때 동문 어귀 우물 곁에 주막을 겸한 허름한 밥집 하나를 발견한다. 새벽부터 단벌에 먼 길을 걸어 추위와 배고픔에 떨던 다산이 마지막 희망을 걸고 문을 두드렸다.

　이윽고 한 노파가 나온다. 노파는 초췌한 그의 행색을 보고 혀를 찼다. 밥 한 술을 청하는 다산이 안쓰러웠던 노파가 더운밥을 내주었다. 손을 떨며 허겁지겁 요기를 하고 일어서려 하자 이번엔 피곤이 한꺼번에 몰려와 몸이 말을 듣지 않는다. 그대로 쓰러져버릴 것 같다.

　"예서 하루 묵을 수 있겠소?"

　"누추합니다."

　노파는 대답과 함께 주막 뒷방을 내주었다.

　이 막다른 곳에서의 우연한 만남이 남쪽 변방에서 들풀 같은 삶을 살던 한 이름없는 주모와 한국 실학의 금자탑 다산 정약용의 새로운 삶의 인연이자 사의재의 시작이었다.

3. 시간은 치유의 힘이 있다

사의재를 열기까지 인고의 시간

하룻밤 묵어가려던 것이 눌러앉게 되었다.

"노파가 불쌍히 여겨 살게 해 주었다. 이윽고 들창을 가려 막고, 밤낮으로 틀어박혀 혼자 지냈다. 더불어 얘기할 사람도 없었다."('상례 사전' 서문, 다산 정약용)

"해가 바뀌고 봄이 왔다. 닫힌 방문 안에만 있느라 봄이 온 줄도 몰랐다. 방문은 늘 닫힌 채였고, 이불조차 갤 필요가 없는 날들이었다."('신년득가서' 시)

다산은 그렇게 밤낮을 봄이 온 줄도 모르고 죽은 사람처럼 골방에 틀어박혀 지냈다.

원래 유배는 기약이 없다. 많은 사람들이 유배지에서 생을 마치는 경우가 많다. 실의에 빠져 폐인이 되거나 유배지에서 사약을 받기도 한다. 다산도 유배 생활 내내 서울에서 기별이 올 때마다 혹시 사약을 내리는 것은 아닌지 두려움이 앞을 막았다. 막내아들(농아)과 그가 아꼈던 조카 학초(형 정약전의 아들), 그리고 형님 정약전의 죽음 소식도 유배지에서 들어야 했다.

기약 없는 유배, 사방은 감시의 눈뿐이고, 멀리 있는 가족은 고생뿐이고, 자신이 할 수 있는 건 아무것도 없고, 의지했던 정조대왕은 안 계시고, 대화 나눌 친구 하나 없고, 죽지 못해 살아있는 몸, 이대로 폐인이 될 것인가. 아예 죽어버리면 이 고통이라도 없을 것 아닌가. 유배를 오리라고는 꿈도 못 꿨던 다산은 자신이 당한 꿈같은 현실에 적응하느라 골방에서 뒤척이며 긴긴 시간을 보내야 했다.

집에서 온 편지

그러나 시간은 치유의 힘이 있다.

"시름 많아 밤이면 술을 자꾸 더 마신다. 나그네 근심을 풀어주는 한 가지는, 섣달 전에 동백이 꽃을 피운 것이라네."(다산의 시 '객중서회' 중)

섣달이 오지도 않았는데 그 이들이들한 푸른 잎 사이로 붉은 꽃을 피워 낸 동백을 자신이라 생각하고 다산은 다시금 삶의 의지를 조금씩 피워내고 있었다. 어떤 장소에서도 꺼지지 않는 학문의 열정이 그를 다시 일상으로 복귀시킬 힘이 된 것이었다. 이까짓 시련은 아무것도 아니다. 다산의 가슴 저 밑에 숨 죽여 있던 삶과 학문에의 의욕이 꿈틀꿈틀 살아 나오고 있었다.

그럴 즈음 집에서 보낸 편지를 갖고 하인 석이가 왔다.

"자식들이 아버지 건강을 염려해서 의서를 베껴 써서 보내왔다. 편지를 건넨 하인 녀석이 거처와 행색을 보니 땅이 꺼져라 한숨을 내쉬었다. 아내는 새 옷을 짓고 평소 좋아하던 붉은 찰밥을 싸서 보냈다. 편지엔 쇠투호를 팔아서 양식과 바꿨다는 사연이 적혀 있었다. 살림살이가 여간 팍팍하지 않을 터다."(객중서회)

다산은 석이 편에 아들에 대한 당부를 써 보냈다. "자포자기해서는 안 된다. 폐족으로 글을 못하고 예법도 없다면 더더구나 어찌 견디겠니. 보통 사람보다 백배의 노력을 더해야 간신히 사람 축에 낄 수가 있을 게다."

집에서 보내온 것은 사랑이었다. 그것을 마주한 다산의 심경에 변화가 일었을 것이다. 더욱이 자식에게 당부를 보내 놓고 보니 자신부터 못지않는 아비가 돼야겠다고 다잡은 것 같다.

다산은 다시 『상례사전』 서문에 썼다.

"내가 흔연히 혼자 기뻐하며 말했다. '내가 이제야 겨를을 얻었다.' 그리고는 마침내 '사상례' 3편과 '상복' 1편의 주석을 병행하여 정밀하게 연구하면서 침식을 잊었다."

다산은 꺼져가던 불씨를 살려내듯 유배지에서 공부의 첫 시동을 걸기 시작했다.

4. 우리네 어머니의 표상과 한석봉 이야기

*이어지는 곳: P261 '한석봉이 교육 받은 마을 글씨 남아'

가난한 어린 시절

가난한 양반 집안에서 태어난 한호는 어려서부터 책과 글씨 쓰기를 좋아했다. 그러나 3살 무렵 부친이 병환으로 돌아가시고, 조부마저 병석에 누워 집안 살림은 약값 마련 등으로 더욱 어렵게 되었다. 한호는 서당에 다니는 것조차 엄두를 못냈고, 심지어 먹과 종이도 살 수 없어 항아리나 돌 위에 물을 찍어서 글씨 연습을 할 정도였다고 한다. 10살엔 글을 가르쳐 주시던 조부마저 돌아가신다.

이제나저제나 아들에게 공부를 못시키는 것이 한이 되었던 어머니의 염원이 통했던지, 하루는 청운스님이 글쓰기를 좋아하고 명석했던 한호에게 신희남 선생을 소개한다. 당시 신희남은 진사에 들고 난 후 대과를 준비할 때였는데, 마침 황해도로 을사 정미사화로 유배를 당한 신거관과 백인걸을 문안하러 왔던 참이었다. 어머니는 이 기회를 놓칠 수 없었다.

어머니는 한호를 불러 앉혔다.

"이번 길은 한 두 달만에 돌아오는 것이 아니라 적어도 10년 넘게 몸과 마음을 닦는 길이다. 아무리 긴 세월이 가고 이 어미가 걱정되도, 너의 학업이 끝나기 전에는 결코 돌아와서는 안 된다. 공연히 세월을 허송하거나, 몸을 다치거나, 어미를 걱정하여 집안 일에 신경 쓰지 말고 오직 글공부에 열중하고 정진해야 하느니라."

그렇게 아들은 12살에 신희남 선생을 따라 영암으로 떠났다. 어머니는 어린 아들을 타지에 떠나보내며 마음속으로 아들의 안위를 빌고 또 간절히 빌었다.

신희남 선생의 문하생이 된 지 3년이 지난 1557년, 서울 한성부에서 서도경연대회가 개최됐다. 한호는 이때 장원을 차지하고 처음 이름을 떨치게 된다.

한호의 마음이 한없이 들뜨기 시작했다. 자신의 공부 뒷바라지에 고생하고 계실 어머니가 보고 싶어 견딜 수가 없었다. 지난 3년 동안 어머니를 보고 싶은 마음을 애써 삭이며 한 시도 잊을 수 없었던 어머니를 이제는 자랑스럽게 볼 수 있다고 생각하니 밤잠을 이룰 수가 없었다. 곧장 어머니에게 달려갔다.

3년만에 서도대회의 장원을 차지하고 돌아온 아들을 본 어머니는 자꾸만 흐르는 눈물에 어찌할 바 모르고 부엌으로 숨어들었다. 아들이 대견하고 또 대견했다. 마음을 다잡은 어머니는 방에 돌아와 다시 아들을 앉혔다. 어머니의 일성은 단호했다.

"왜 돌아왔느냐?"

"공부를 많이 해 더는 배울 것이 없습니다."

한호는 홀로 고생하고 계시는 어머니와 함께 살고 싶을 뿐이었다.

"자고로 명필가란 심안心眼, 마음으로 보는 눈이 있어 어두움 속에서도 흔들림 없이 글씨를 쓸 수 있어야 하느니라. 네 글씨가 다 되었는지 불을 끄고 나의 떡 썰기와 너의 글씨 쓰기를 해 솜씨를 비교해 보자꾸나."

모자는 등잔불을 끄고 깜깜한 방안에서 어머니는 떡을 썰고 한호는 글씨를 쓰기 시작했다.

불을 켜고 보니 고르게 썰어져 있는 어머니의 떡과 자신의 엉망진창인 글씨가 한눈에 보였다. 사대부집 부녀로 떡장수 행상을 해야 했던 어머니는 그 얼마나 떡을 썰었으면 이렇게 도道의 경지에 이른걸까. 아들을 위해 수없이 떡을 썰어 팔았을 수고를 생각하니 눈물이 앞을 가렸다.

한호는 크게 깨달음을 얻고 다시 길을 떠난다. 한호는 이곳 영보마을의 신희남 밑에서 필법 연구에 정진한 끝에 해서, 행서, 초서 모두의 경지에 이른다.

한호의 어머니는 나중에 아들이 있는 영암으로 와 서호면 아천리시장(현재 학산면 독천시장)에서 떡 장사를 했던 것으로 전해진다. 영암군은 2004년부터 영보마을의 한석봉 유적지를 정비해 관광명소로 개발했다.

석봉체의 완성

한호는 종5품 사어司禦와 가평군수 등을 지냈으나 관직에는 별 흥미를 못 느끼고 글쓰기에 매진했다. 그 결과 그동안 중국의 서체를 모방하던 풍조를 깨뜨리고 강하고 굳센 필획의 자신의 글씨풍을 이루었고, 석봉체는 조선 서예에 많은 영향을 끼쳤다.

강건한 정돈미가 돋보이는 그의 글씨체는 국가 문서의 표준서체를 확립했다. 마치 활자 같은 해서체는 천자문의 대표 글씨가 되었고, 오늘날 컴퓨터나 교과서에 쓰이는 현대 서체의 모델이 되었다.

그러나 해서만 그의 글씨가 아니다. 현재 국립중앙박물관에 소장된 두보 시를 초서로 쓴 작품(보물 1078호)은 단아하고 굳세면서도 변화가 큰 활달한 필치로 석봉체의 진수를 보여준다.

이익은 『성호사설〉에서 한호에 대해 기록하고 있다.

'송도지'에 '임진년에 조선에 온 명나라 장수 이여송, 마귀, 북해, 등계달 그리고 유구국의 양찬지 등이 모두 그 글씨를 구해 자기 나라로 돌아갔다.'고 썼다. 명나라의 대문장가 왕세정은 '동국에 한석봉이라는 사람이 있다. 그 서체가 마치 성낸 사자가 돌을 긁는 듯하다.'고 했고, 주지번은 '마땅히 왕희지, 안진경과 더불어 우열을 다툴 만한 솜씨다.'라고 했다.

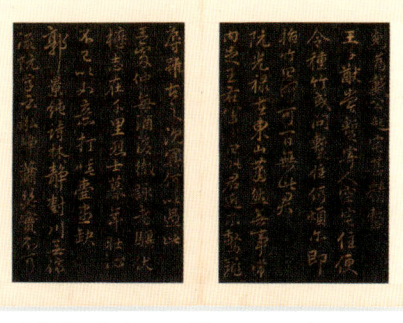

* 석봉 한호가 쓴 두보 시(보물 1078호)

5. 버드나무 사랑 이야기

*이어지는 곳: P298

사랑도 이별도 버드나무 아래에서

영화나 소설에 보면 버드나무가 많이 등장한다. 버드나무 아래에서 사랑을 속삭이고, 사랑하는 사람을 멀리 떠나보내는 부둣가나 역참엔 늘 짜 맞춘 세트장처럼 버드나무가 등장한다.

버드나무는 남녀의 사랑과 정분의 상징이었다. 연인들은 물 오른 수양버들 강가에 모여 들어 사랑을 나누었다.

> 수양버들 파릇파릇 강물은 넘실넘실
> 강 위에선 그 임의 노랫소리 들리네
> –〈죽지사〉 당나라 때 유우석 시인

이별하는 장소도 버드나무 아래다. 연인들은 헤어지기 전 잊지 말고 기억해 달라는 정표로 버들가지를 꺾어 주었다. 버들가지를 꺾는 '절양류' 풍습은 한나라의 장안 사람들이 벗을 전송할 때 파교라는 나리에 나와 버들가지를 꺾어주며 이별을 아쉬워한 데서 비롯되었다. 이때부터 '버들을 꺾는다'는 말이 송별을 의미하게 된 것이다.

정표로 받은 버드나무 가지를 땅에 꽂아 두면 뿌리를 내려 자라게 되어 두고두고 임을 생각할 수 있으니 이만한 정표도 없었다. 버드나무 '류'는 머물 '유'와 같은 발음으로 '가지 말고 머물러 달라'는 애원의 의미도 담긴다. 그러니 이별 장소는 정표를 줄 수 있는 버드나무 아래가 제격이었다.

동성엔 봄풀이 푸르다지
남포의 버들은 가지가 없네
  -〈송별〉 당나라 저사송 시인

이별하는 사람마다 가지를 꺾어 버드나무가 남아나지 않는다.

생사를 초월한 사랑

버들가지가 뜻하는 끊어질 수 없는 사랑에 대해서는 '홍랑의 이야기'가 유명하다. 이이·송익필 등과 함께 조선시대 팔문장이자 삼당시인으로 시명이 높았던 고죽 최경창(1539~1583)이 함경도 북평사로 국방의 요지인 경성에 부임했을 때였다. 홍원 관아의 관기였던 홍랑이 그의 수발을 맡게 되면서 두 사람의 이야기가 시작된다.

홍랑은 어려서 부모를 잃었지만 그녀를 알아 본 한 의원의 도움으로 천부적인 시재를 가꾸며 절세가인으로 자랐다. 기예, 문장, 인물과 성정까지 어느 하나 빠지는 데 없이 출중한 그녀와 문장과 학문이 높던 고죽은 서로의 인물을 알아보았고 불같은 사랑을 나누게 된다. 2년여의 꿈같은 시간을 함께 보내던 어느 날 고죽이 임기를 마치고 한양으로 귀임하게 된다.

홍랑은 고죽을 따라 멀리 쌍성까지 며칠 동안 태산준령을 넘어 함관령에 이르렀다. 관에 묶인 신분으로 더 이상은 경계를 넘어갈 수 없게 된 홍랑은 버들가지를 꺾어 고죽에게 건네며 사무치는 정을 시로 읊었다.

묏버들 가려 꺾어 보내노라 님의 손에
주무시는 창 밖에 심어 두고 보소서

봄비에 새 잎이 나거든 날인가 여기소서

한국 문학사에서 가장 아름다운 연시로, 중학교 교과서에 수록되어 있는 시조 〈묏버들〉이다. 이미 날은 저물고 비는 내리는데 피할 수 없는 이별 앞에서 홍랑도 최경창도 그저 하염없이 눈물을 흘릴 뿐이었다.

마음이 간절하면 만나게 되는 것인가. 그 후 둘은 한양에서 만나게 된다. 고죽이 아프다는 소식에 홍랑은 법까지 어기고 관기의 금기인 경계를 넘어 한양에 올라와 최경창을 간호하며 살았다. 그러나 당파 싸움 속에서 홍랑은 다시 경성으로 추방되고 만다. 고죽은 떠나는 홍랑에게 〈송별〉 시를 써준다.

옥같은 뺨 두 줄기 눈물로 봉성을 나서니
새벽에 휘파람새도 이별을 울어 주네
이제 하늘 끝으로 가면 언제나 오려나
함관령에서 부르던 옛 노래 부르지도 말아라
지금까지도 구름비에 청산이 어둡나니

400년이 지나서

고죽은 당파싸움에 희생돼 변방의 한직에 내몰렸다가 45살의 젊은 나이로 객사하고 만다. 홍랑은 고죽의 묘소가 있는 파주에서 시묘살이를 하고, 임진왜란이 일어나자 고죽의 유작을 챙겨서 사라진 후 전쟁이 끝난 후 그의 무덤 앞에서 한 많은 일생을 마감하게 된다. 죽어서 홍랑은 고죽의 무덤 아래에 묻혔다.

그 후 400년이 흐른 2000년 신도시 개발에 밀려 고죽의 묘를 이장하는 과정에서 홍랑의 무덤 속에 부장품으로 묻혔던 '묏버들' 시의 원본과 고죽의 육필 원고들이 다량 발견되었다. 이 시와 원고들이 발견되지 않았다면 둘의 사랑 이야기도 영원히 묻혔을지 모른다. 숨 막히는 사랑과 절개로 홍랑이 지켜냈던 고죽 최경창의 유작은 그 후 〈고죽집〉이라는 문집으로 만들어졌다. 고죽과 홍랑의 묘소 앞에는 그들이 생사를 초월한 반려였음을 밝히는 시비가 자랑스럽게 길손을 맞고 있다.

6. 물·버들·여성의 3박자가 만든 파워

*이어지는 곳: P300 '조선 태조에게도 같은 설화가?'

물·버들·여성의 의미

물은 본래부터 생명을 상징한다. 세상과 인류의 기원은 물에서 비롯됐고, 인류문화와 국가의 탄생도 하천이 발상지였고 근거지였다. 인간의 몸은 70%가 물이어서 몸에 1%만 부족해도 갈증을 느끼고, 10% 이상 빠져나가면 목숨을 잃는다.

관음보살도에 보면 의례히 관음보살이 정수된 감로수를 담은 정병과 버들가지를 들고 있다. 이는 인도 바이샬리 지방에서 역병이 떠돌 때 관음보살이 나타나 버들가지와 정수를 들고 주문을 외워 병을 물리치고 중생을 구제했다는 『청관음경』의 내용에서 유래된다.

실제로도 버들가지는 통증을 가라앉히는 한약재로 쓰였고, 독일 바이엘사가 버드나무 추출물로 상용화에 성공한 아스피린은 해열 진통 소염제의 대명사가 되었다. 버들가지를 씹어 이를 닦기도 했다. 앞이 뾰족한 버들잎은 악귀를 물리치는 벽사(사귀나 재앙을 물리침)의 기능이 있다고 보아 청명 한식 때 관아에서 반드시 버드나무로 불을 피우도록 했다. 버드나무는 호수나 하천에 심어져 물의 정화작용을 하고, 건조한 땅이든 습지든 잘 자라고, 버드나무 가지로 만든 낫자루에서 새 가지가 솟아나기도 해 버들은 생명, 정화, 벽사, 재생, 회생, 치유의 의미로 쓰인다.

성공 설화의 모티브

새 나라를 건국하는 장치로서 생명과 벽사, 정화, 재생, 치유를 뜻하는 물과 버들잎 설화는 너무도 잘 맞는다. 여기에 여인인 왕후가 함께 있다. 치유, 생명, 재생의 의미가 잘 맞는 여성의 이미지와 결부돼 있는 것이다. 실제로도 버들은 여성에 비유돼 왔다. 당나라 때 가장 뛰어난 시인 중의 한 사람인 백거이는 춤 잘 추는 기녀 소만을 버들로 표현해, 버들가지의 애칭이 소만요가 되었을 정도다. 물과 버들, 여인 이렇게 셋이 모였으니 새 나라가 잘 안 될 수가 없다.

보다 중요한 것은 고려 태조나 조선 태조나 두 부부의 사이가 각별했다는 사실이다. 좋은 사이에서는 좋은 이야기가 무진장 나올 수 있다는 것이 역사의 진실이다.

<부록 2>

사람길 국토종주 일지 및 걷기 경로

1. 해남·강진·영암·나주 경로 지도

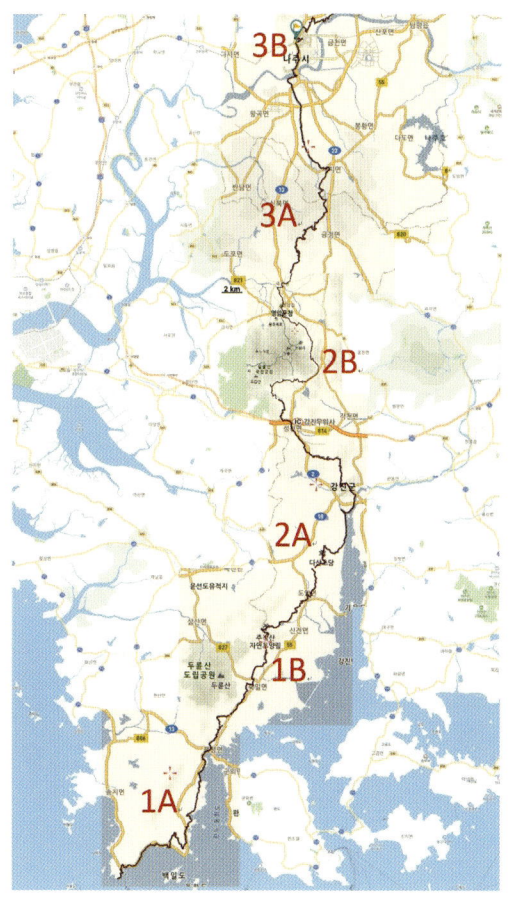

2. 회차별, 일별 구간 현황

▶ 1회차 제1일 / 33.74km

해남 : 땅끝점 ~ 동해마을

번호	출발지	거리	도착지	누적 거리	길 이름 (유형)
	<1회차 / 1일째>		해남 / 1월 12일(토)		(단위: km)
1	숙소	0.9	땅끝점	0.9	땅끝마을길-흙길-데크길
2	땅끝점	1.15	맴섬	2.05	데크길-흙길-땅끝마을길
3	땅끝마을 탐방	0.7	땅끝마을 출발	2.75	땅끝마을길
4	땅끝마을 출발	1.4	땅끝마을 전망대	4.15	77번
5	땅끝마을 전망대	0.6	땅끝마을 제2전망대	4.75	77번
6	땅끝마을 제2전망대	5.4	사구미 해변	10.15	77번 – 땅끝해안로 – 77번
7	사구미 해변	1.1	사구저수지	11.25	해변 - 자연길
8	사구저수지	0.4	모래재 고개	11.65	자연길
9	모래재 고개	2.15	가시덤불 숲	13.9	윤도산 임도길
10	가시덤불 숲	0.2	산소 언덕 풀밭	14.1	가시덤불 숲
11	산소 언덕 풀밭	1.08	77번 국도	15.18	산길 구 임도길
12	77번 국도	1.52	땅끝 만물 슈퍼	16.7	77번
13	땅끝 만물 슈퍼	1.28	평암리 해안가	17.98	안평길
14	평안리 해안가	0.79	남부아랫길	18.77	해안가 제방길
15	남부아랫길	1.93	묵동마을	20.7	남부아랫길
16	묵동마을	2.3	서홍리 해안	23	남부아랫길 - 금생동길
17	서홍리 해안	1.1	자연 해변	24.1	해안길 - 땅끝해안로
18	자연 해변	0.9	이진마을	25	해변 - 농로
19	이진마을	0.7	이진성 서문터	25.7	이진1길
20	이진성 서문터	1.6	남창사거리	27.3	77번
21	남창사거리	4.7	동해마을	32	천태산길 - 신기저수지-차경길 - 산길 - 백도로 - 동해지-동해길-동해2제
22	동해마을	1.74	동해교 건너편	33.74	동촌길

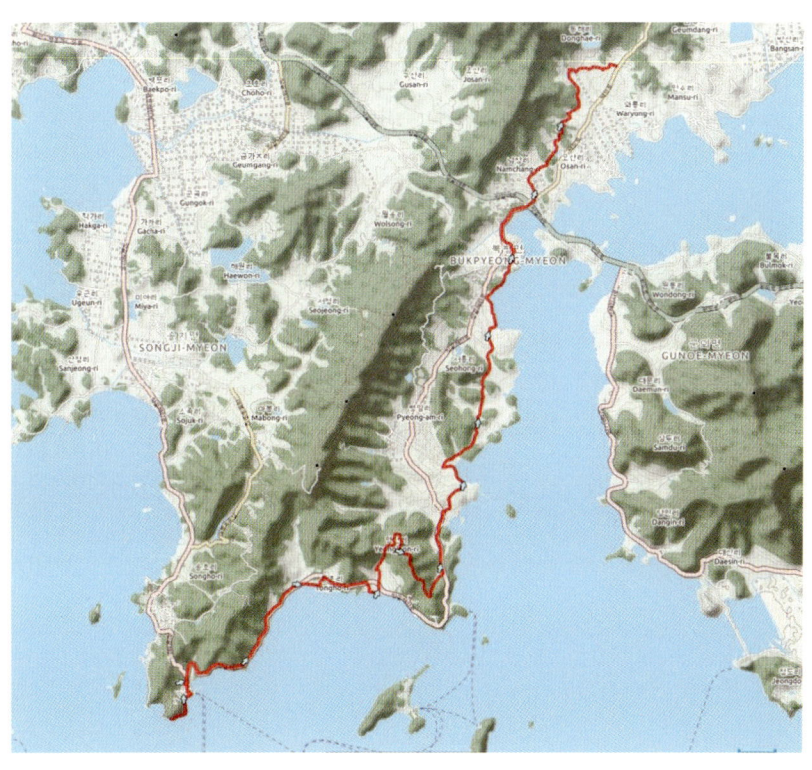

▶ 1회차 제2일 / 25.6km

해남 : 고난의 길 ~ 장수마을 / 8.3km

강진 : 영수마을 ~ 다산로 / 17.5km

<1회차 / 2일째 >			해남 / 1월 13일(일)			(단위: km)	
번호	출발지	거리	도착지	누적거리	총누적거리	길 이름(유형)	
1	동해교	1.63	고난의 길 표지석	1.63	35.37	55번 지방도	
2	고난의 길 표지석	0.5	계곡 내려서기	2.13	35.87	55번 지방도	
3	계곡 내려서기	0.72	정수사 입구	2.85	36.59	계곡 숲 - 백도로	
4	정수사 입구	3.02	고목 쉼터	5.87	39.61	삼성길 - 만원길 -827번	
5	고목 쉼터	2.23	장수·영수마을	8.1	41.84	흥운길	
			강진 / 1월 13일(일)			(단위: km)	
6	장수·영수마을	1.36	장수 저수지	9.46	43.2	영관로 - 어관신안길	
7	장수 저수지	3.6	작천소령	13.06	46.8	주작산 임도	
8	작천소령	1.58	동구리바위	14.64	48.38	다산유배길 1코스	
9	동구리바위	1.76	수양마을	16.4	50.14	주작산길	
10	수양마을	4.54	도암면 시내	20.94	54.68	수양장등길-월하1,2길-산길-농로-논두렁-장촌남길	
11	도암면 시내	1.14	항촌마을광장	22.08	55.82	도암중앙로-항촌길	
12	항촌마을광장	2.3	깃대봉	24.38	58.18	남도명품길(자아의 길)	
13	깃대봉	1.52	다산로(정자 지나서)	25.6	59.7	남도명품길(자아의 길)	

▶ 2회차 제3일 / 31.11km

강진 : 다산초당 ~ 월송마을

<2회차 / 3일째>			강진 / 2월 16일(토)				(단위: km)
번호	출발지	거리	도착지	누적거리	총누적거리	길 이름(유형)	
1	다산로(정자 지나서)	2.5	다산초당	2.5	62.2	다산로-다산초당길	
2	다산초당	0.85	동백나무숲	3.4	63.05	다산오솔길	
3	동백나무숲	0.2	백련사	3.6	63.25	다산오솔길	
4	백련사	3.4	바람길 기점	7	66.65	백련사길-다산로	
5	바람길 기점	3.35	강진만 생태공원 입구	10.35	70	강진만 제방길(바람길)	
6	강진만 생태공원 입구	2.95	목리교	13.31	72.95	생태탐방로-목리길	
7	목리교	1.64	사의재 저잣거리	14.95	74.59	목리길-동성로	
8	사의재 저잣거리	0.11	사의재	15.06	74.7	사의재길	
9	사의재	0.46	충혼탑	15.52	75.16	사의재길-보은로3길	
10	충혼탑	0.24	영랑생가	15.76	75.4	탐진로-영랑생가길	
11	영랑생가	2.13	보은산방	17.89	77.53	정약용남도유배길3코스	
12	보은산방	2.54	초지 언덕	20.43	80.07	정약용남도유배길3코스	
13	초지 언덕	1.47	송학제	21.9	81.54	정약용남도유배길3코스	
14	송학제	0.7	금당마을	22.6	82.24	정약용남도유배길3코스	
15	금당마을	1.6	바람길2	24.2	83.84	송계로-신예장등길	
16	바람길2	1.96	성전면 농협	26.16	85.8	송계로	
17	성전면 농협	2.52	대월마을	28.68	88.32	예향로-녹색로	
18	대월마을	2.43	월송마을	31.11	90.75	대월달마지길-녹향월촌길	

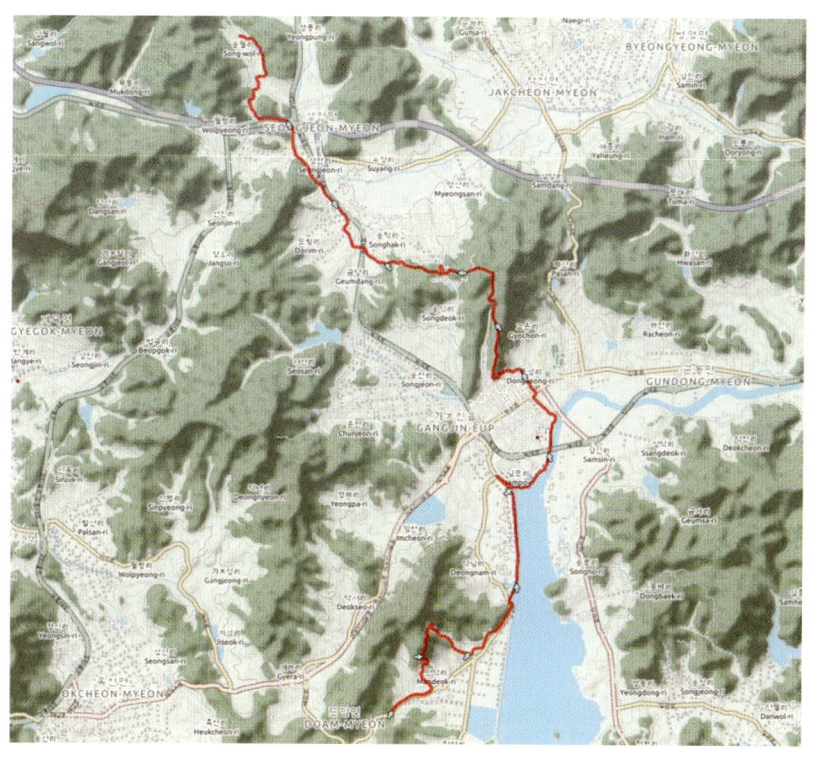

▶ 2회차 제4일 / 24.76km

강진 : 월송마을 ~ 월남사지 / 7.45km

　　　(둘레길팀) 월남사지 ~ 누릿재 / 4.85km

　　　(등정팀) 월남사지 ~ 종주능선 / 3km

영암 : (둘레길팀) 누릿재 ~ 영암병원 / 7.5km

　　　(등정팀) 종주능선 ~ 영암병원 / 4.8km

　　　영암병원 ~ 계량동 들녘 / 5.68km

<2회차 / 4일째>			강진 / 2월 17일(일)				(단위: km)
번호	출발지	거리	도착지	누적거리	총누적거리	길 이름(유형)	
1	월송마을	3.4	무위사	3.4	94.15	녹향월촌길-무위사로	
2	무위사	1.76	백운동 원림	5.16	95.91	백운로-월하안운길	
3	백운동 원림	1.29	설록다원	6.45	97.2	백운로	
4	설록다원	1	이한영 차문화원	7.45	98.2	백운로	
영암 / 2월 17일(일)						(단위: km)	
5-1	둘레길팀	이한영 차문화원	4.85	누릿재	12.3	103.05	월남길-예향로-삼남길
6-1		누릿재	1.4	사자저수지	13.7	104.45	삼남길
7-1		사자저수지	6.1	영암병원	19.08	110.55	기찬뫼길-영암로
5-2	등정팀	이한영 차문화원	3	월출산 종주능선	10.95	101.2	월출산 등산로
6-2		월출산 종주능선	0.3	월출산 정상	11.25	101.5	월출산 등산로
7-2		월출산 정상	4.5	영암병원	15.75	106	월출산 등산로-영암로
8	영암병원	0.17	수성사	19.25	110.72	남문밖길	
9	수성사	3.33	덕진교	22.58	114.05	남문로-군청로-역촌길-동산길-장서동길-월출로-영암천둑방길-징검다리	
10	덕진교	2.18	계량동 들녘	24.76	116.23	내촌길-새터신정길-둑방길	

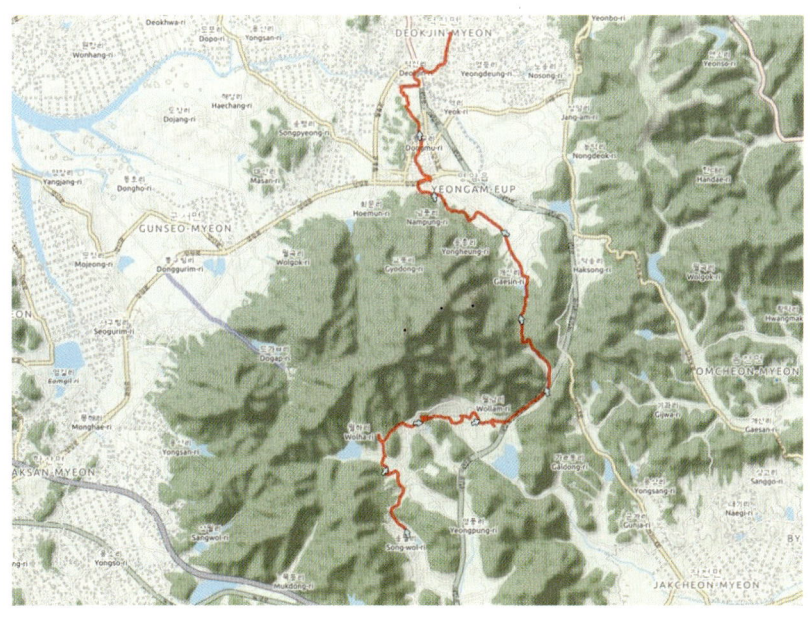

▶ 3회차 제5일 / 33.75km

영암 : 계량동 들녘 ~ 시누대 고개 / 13.7km

나주 : 시누대 고개 ~ 나주고등학교 / 20.05km

<3회차 / 5일째> 영암 / 3월 9일(토) (단위: km)

번호	출발지	거리	도착지	누적거리	총누적거리	길 이름(유형)
1	계량동 들녘	1.6	선암마을	1.6	117.83	논두렁-개량동길-세류정길-
2	선암마을	0.61	운곡제	2.21	118.44	선암길
3	운곡제	0.65	덕진차밭	2.86	119.09	백룡산 임도
4	덕진차밭	1.44	매화나무	4.3	120.53	백룡산 임도
5	매화나무	5.7	분수저수지	10	126.23	백룡산 임도
6	분수저수지	1.26	화산마을	11.26	127.49	화산운동길
7	화산마을	2.44	시누대 고개	13.7	129.93	금천 제방길-양와길

나주 / 3월 9일(토) (단위: km)

번호	출발지	거리	도착지	누적거리	총누적거리	길 이름(유형)
8	시누대 고개	1.15	성산정미소	14.85	131.08	고개길-신지로-성산덕산길
9	성산정미소	2.55	동창사거리	17.4	133.63	신지로-세지로-동창로
10	동창사거리	1.3	오봉교	18.7	134.93	동창로-세영로
11	오봉교	0.64	삽살이집	19.34	135.57	세영로-만봉천 둑방길
12	삽살이집	5.38	둑방 쉰 곳	24.82	140.95	만봉천 둑방길
13	둑방 쉰 곳	3.64	영산강	28.46	133.59	만봉천 둑방길
14	영산강	0.74	영산포 홍어거리	29.2	134.33	주면2길-영산강 둑방길
15	영산포 홍어거리	1.38	나주철도공원	30.58	135.71	영산교-영산포로
16	나주철도공원	1.34	완사천	31.92	137.05	구진포로 옆 숲길-완사천길
17	완사천	1.83	나주고등학교	33.75	138.88	왕건길-흥룡길-예향로

▶ 3회차 6일 / 11.62km

나주 : 나주고등학교 ~ 영산강 생태공원

<3회차 / 6일째>			나주 / 3월 10일(일)				(단위: km)
번호	출발지	거리	도착지	누적 거리	총누적 거리	길 이름(유형)	
1	나주고등학교	0.53	최부 생가터	0.53	139.41	샛등길-서성문길-금남로	
2	최부 생가터	0.26	금성관	0.79	139.67	금성관길	
3	금성관	0.61	나주읍성 서문	1.4	140.28	금성관길-금남길(골목길; 둑제사길)-향교길	
4	나주읍성 서문	0.18	나주향교	1.58	140.46	향교길	
5	나주향교	0.33	한수제	1.91	140.79	향교길-나주천1길-둑	
6	한수제	2.09	정렬사	4	142.88	금성산 자락길	
7	정렬사	0.7	대호제	4.7	143.58	정렬사길-대호길	
8	대호제	3.49	청동길 정자	8.19	147.07	수변공원길-둑-함박산길-청암길	
9	청동길 정자	0.67	장성천-영산강 제방	8.86	147.74	청동길-월림길	
10	장성천-영산강 제방	2.76	광주 경계선	11.62	150.5	생태습지-생태공원 산책로	

<부록 3>

사람길 국토종주 준비 사항

1. 장거리 걷기 여행 시 알아둘 것들

1) 신발

걷기 때 가장 중요한 부분이 땅과 닿는 발이다. 따라서 걷기할 때의 가장 중요한 장비가 신발이다. 특히 오래 걷기할 때는 발이 편한 것이 가장 중요하다. 신발을 잘못 신어서 몸에 안 좋은 영향을 주거나 발이 쓸리거나 아프거나 불편하면 걷기가 해가 될 수 있다. 오래 걷기 위해 신발 고르는 법을 알아보자.

* 사이즈 선택

자신의 발 사이즈보다 10mm 정도 큰 것으로 준비한다. 오래 걷기 위해서는 발이 편안해야 하고, 편안하게 오래 걸을 수 있으려면 발가락이 신발 안에서 놀 수 있을 만큼 넉넉해야 한다.

오래 걷다 보면 체중을 감당해야 하는 발의 부담이 커져 발이 부을 수 있다. 따라서 신발이 타이트하게 맞으면 혈액 순환이 안 돼 발이 더 붓는 상황을 만들 수 있다. 발목을 너무 꽉 동여매도 시간이 지날수록 발을 압축시키고 발이 붓는 원인이 될 수 있다. 또 오래 걷기 위해서는 두꺼운 등산양말을 신어야 하는 것도 신발을 고를 때 고려해야 한다. 이 모든 것에 대비하기 위해 신발을 고를 땐 자신의 발 사이즈보다 10mm 이상 큰 신발을 고르자. 특히 오래 걷기용 신발은 발이 눌리거나 쓸리는 경우가 생기지 않도록 신발 볼이 넓은 것을 구하는 것이 중요하다.

* 종류 선택

걷기용 신발(등산 포함)의 종류는 크게 워킹화, 트레킹화, 경등산화, 중등산화로 구분할 수 있다. 대체로 평탄한 길은 워킹화, 둘레길은 트레킹화, 산길은 등산화를 신으면 된다. 주의할 점은 걷기할 때 런닝화는 신지 않는 것이 좋다. 런닝화는 뛸 때 발의 앞쪽부터 지면에 닿는 특성에 맞춰 만들어진 신발이기 때문이다. 반대로 걸을 때는 뒤꿈치부터 닿고 발가락의 움직임 반경이 훨씬 크다. 무게 중심이 발뒤꿈치부터 발볼과 발가락까지 골고루 전달되기 때문에 발뒤꿈치를 강하게 받쳐 줄 수 있고 움직임이 많은 발가락을 위해 발볼과 앞코 부분이 넉넉해야 한다. 사람길 국토종주에는 둘레길에 적합한 트레킹화 정도가 적당하다. 하지만 간혹 산길이나 약간 험한 길도 가기 때문에 이런 길이 예정돼 있다면 경등산화를 신는 것이 좋다.

* 쿠션, 기타 고려할 것

오래 걷기 위해서는 신발 바닥이 너무 얇은 것도 안 되고, 뒷굽이 높거나 에어 슈즈나 바닥이 푹신하고 물렁물렁한 신발은 더욱 신으면 안 된다. 다리나 발을 변형시키고 관절을 상하게 할 수 있다. 관절을 보호하겠다고 쿠션을 중요히 생각해서 푹신한 쿠션 깔창을 넣거나 에어슈즈나 밑창이 무른 신발을 고르는 경우가 있는데 이는 절대 금물이다. 쿠션이 오히려 관절을 상하게 하는 요인이 될 수 있기 때문이다. 무릎은 발의 튼튼한 지지가 필요한데 쿠션은 발을 불안정하게 해서 걸을 때 무릎이 흔들리고 무릎에 무리를 준다. 손으로 눌러서 들어갈 정도의 쿠션감이 생기면 이것이 관절을 상하게 할 수 있다는 사실을 기억하자. 깔창을 사용할 때는 신발과 일체감을 이루고 적당히 단단한 것으로 고른다. 밑창이 너무 얇아도 발목을 지지해주지 못해 충격과 압력이 관절로 가게 된다. 따라서 오래 걷기 위한 신발은 충격을 잘 흡수하고 발목을 지지해 주도록 밑창이 살짝 단단하면서 두터운 것이 좋다. 또한 통풍과 방수 기능이 중요하고, 가벼운지도 체크하자.

2) 스틱

스틱을 등산할 때만 쓴다고 생각하면 오산이다. 오래 걷기 위해서는 스틱 또한 필수이다. 국토종주 때는 둘레길, 산길, 평지길, 포장길, 물길 등 전천후 걷기에 준비돼야 한다. 다양한 길을 걸을 때 반드시 필요한 것이 스틱이다. 스틱은 1개가 아니라 양 손에 2개를 사용해 균형을 잡아야 한다. 스틱을 사용하면 무릎 충격을 줄이는 것은 물론 상체 근육을 사용하므로 상하체 전신 운동 효과를 볼 수 있다.

* 길이 조정과 안전

똑바로 섰을 때 팔꿈치의 각도가 90°가 되도록 길이를 조절하고, 오르막길에선 짧게, 내리막길에선 길게 조정한다.

안전 : 사용하지 않을 때는 스틱 손잡이가 위로 향하게 하여 주머니에 넣어 휴대한다. 스틱을 들고 걸을 때는 뒷사람 안전을 위해 스틱 앞부분이 몸 앞으로 향하게 한다.

* 사용 방법

스틱을 먼저 찍고 몸이 따라가는 식으로 사용한다. 평지에선 발과 반대로 번갈아 가며 땅을 찍으며 간다. 경사도가 높은 내리막길과 오르막길에선 스틱을 동시에 앞으로 내딛는 방법으로 사용할 수 있다. 돌길, 포장길을 걸을 때는 환경 훼손과 소음을 막기 위해 고무마개를 씌우는 것이 좋다.

평지에서 사용하기: 평지에선 스틱을 노르딕 워킹법으로 사용하면 좋다. 피곤한 몸을 지지해 줄 수 있고, 걷기의 추진력을 얻을 수 있고, 균형을 잡아줄 수 있어 여러모로 유용하다. 노르딕 워킹법은 스틱을 짧게 잡고 팔을 번갈아가며 스틱을 뒤로 밀듯이 걷는 워킹법이다.

내리막길에서 사용하기: 내리막길을 걸을 때 스틱 사용이 중요하다. 관절 부담을 줄이고 사고를 예방할 수 있다. 사용법은 스틱을 땅에 먼저 짚고 몸이 스틱 앞으로 나가지 않으면서 체중이 스틱에 실리도록 찍으면서 내려간다.

3) 양말

오래 걸을 때 필요한 쿠션 역할과 통풍, 땀 흡수에 좋은 두터운 등산양말을 계절 관계없이 신는 것이 기본이다. 걷기할 때 등산이 아니라고 무심하게 일반 양말을 신는 경우가 있는데 걷기할 때도 양말은 반드시 등산양말을 신어야 한다. 오래 걷기 때문에 충격 완충 효과가 중요하고, 발바닥에 물집이 덜 생기도록 두껍고 땀 흡수가 잘 돼야 하기 때문이다. 또 여름이라고 짧은 양말을 신는 경우도 있는데 발목 보호를 위해 복숭아뼈를 덮는 게 좋다. 또한 오래 걷기 때문에 여분 양말을 준비해 두었다가 갈아 신는 것도 필요하다.

4) 의복

 걷기할 때 면티를 입는 경우가 있는데 오래 걷기하려면 운동복을 입는 것은 필수이다. 면으로 된 일상복은 통풍이 안 되고 땀이 배기 때문에 냄새, 끈적임으로 활동이 불편하고 특히 체온조절이 안 되서 감기 등 부작용이 생길 수 있다. 걷기할 때는 통풍과 땀 배출이 잘되는 운동복(등산복)을 입어야 한다.

바지 : 꽉 조이지 않으면서 신축성이 있는 것이 좋다. 반바지보다는 긴바지를 입어 풀이나 벌레로부터 피부를 보호하는 것이 좋다.

겉옷 : 계절 관계없이 겉옷(바람막이)을 항상 휴대하고 다니는 것이 필요하다. 기상이 갑자기 변하거나 체온이 떨어질 경우에 대비해야 한다. 여름에도 재질이 가벼운 여름용 겉옷으로 준비해야 한다.

체온 조절 : 겉옷은 걸을 때, 땀이 나기 전에는 벗고, 휴식 때, 추워지기 전에는 입어 체온조절을 잘 하는 것이 중요하다. 겨울에는 두껍고 무거운 옷보다 가볍고 얇은 옷을 여러 겹 입어 몸의 체온 변화에 따라 탈착이 쉽게 하는 게 좋다.

5) 배낭

 배낭은 필요한 물품을 운반하는 용도뿐 아니라 체온을 유지하고, 넘어질 때 쿠션 역할까지 하는 다용도 목적을 갖는 걷기의 필수품이다.

사이즈 : 국토종주는 하루 종일(30km 내외) 걷기 때문에 그만큼 필요한 물품도 많다. 따라서 수납공간이 많고 넉넉한 사이즈(30~40L)의 배낭을 고

르는 것이 좋다. 겨울엔 여벌 옷을 넣을 수 있도록 약간 큰 것이 좋다.

점검 사항 : 자신의 몸에 잘 맞는지, 수납이 편리한지, 배낭 커버가 있는지를 체크하자.

메는 방법 : 배낭을 멜 때는 어깨 끈을 잡아당겨서 등과 어깨에 밀착되게, 배낭이 엉덩이 위에 살짝 걸쳐지도록 한다. 배낭은 허리로 멘다는 말이 있다. 배낭에 허리끈이 반드시 있어야 하고 허리끈을 골반뼈를 감싸게 채운다. 이렇게 무게 중심이 허리 쪽으로 이동하게 해서 무게가 허리와 어깨, 등뼈로 골고루 분산되도록 한다. 가슴끈도 채워서 배낭이 몸에 밀착되게 한다.

6) 물

몸에 수분은 중요한 에너지원이다. 수분이 부족하면 체온이 급격히 상승하고 빨리 지칠 수 있다. 오래 걸을수록 물이 많이 필요하다. 국토종주 시에 여름엔 500ml 물 5~6개가 필요하다. 일회용 플라스틱 쓰레기를 줄이기 위해 개인 물통을 여러 개 충분히 준비하는 것도 좋은 방법이다. 물은 한번에 많이 마시기보다 자주 조금씩 마시는 것이 좋다. 겨울철엔 보온병에 따뜻한 물을 준비하는 것이 필수이다. 여름철엔 물을 냉동고에 넣어 얼리는데 넣어 둔 시간이 길면 녹는 것도 늦게 녹는다. 배낭에 넣을 때 보냉가방에 얼린 물과 음식과 같이 넣으면 냉장고 역할을 할 수 있다.

전해질 : 물을 너무 많이 마셔 몸에 염분이 희석되면 에너지(기운)가 떨어져 걷기가 더 힘들어지게 된다. 특히 여름철 일사병과 탈진을 막기 위해 전해질 보충을 잊지 말자. 이를 위해 스포츠음료 분말이나 식염포도당을 중간

중간 먹는 것이 필요하다. 전체 물의 절반 정도를 전해질음료(스포츠음료)로 준비하는 것도 좋다.

7) 이외 사람길 국토종주(오래 걷기)를 위한 준비물

물집방지 패드 : 오래 걷다 보면 발바닥에 물집이 생길 수 있다. 물집이 많이 발생하는 뒤꿈치와 앞꿈치 부분에 테이핑을 하거나 약국에서 파는 물집방지 패드를 붙이면 물집을 방지하는데 효과적이다.

핸드폰과 지도 : 요즘은 따로 지도책이 없어도 핸드폰에 네이버 지도나 카카오맵을 설치해서 보면 된다. 걷기 앱인 램블러를 설치해서 사람길 국토종주 GPX를 다운받아 그대로 따라가면 쉽게 국토종주 길을 찾을 수 있다. 핸드폰으로 지도를 자주 보는 경우 배터리가 일찍 소진될 수 있으므로 보조 배터리를 준비한다. 그러나 경우에 따라 핸드폰이 안 터질 경우도 있으므로 지역 지도를 같이 소지하는 것도 권한다.

핸드폰 파우치 : 배낭 어깨끈에 핸드폰 파우치를 달면 핸드폰을 쉽게 꺼내고 넣을 수 있어 편리하다.

무릎아대 : 무릎이 보호되고 걷기가 좀 더 수월해질 수 있다. 주의할 점은 너무 세게 조여서 혈액순환이 방해되지 않도록 매야 한다.

자외선 차단제 : 야외에서 장시간 걷기 때문에 SPF50 이상, PA+++의 자외선 차단 효과가 높은 선크림을 준비한다. 걷기 30분 전에 바르고, 2~4시간 간격으로 바른다.

약품 : 연고, 밴드, 패드, 파스, 진통제, 소화제, 지사제(설사약), 알레르기약, 벌레 퇴치약, 붕대, 멸균 거즈 등 자신에게 필요한 약품이나 비상약을 준비한다.

기상 대비 용품 : 우산, 방수 점퍼, 우비, 배낭 커버를 준비한다. 우비는 땀이 차 체온 조절에 안 좋으므로 길이 웬만큼 편한 곳에서는 우산을 추천한다. 체온 조절이 중요하므로 쉴 때는 방수 점퍼를 입는다.

장갑 : 손 보호, 체온 유지를 위해 필요하다. 특히 스틱 사용 시에 손에 생기는 마찰로부터 손을 보호해 준다. 계절에 맞고 땀이 차지 않도록 통풍이 잘되는 장갑을 사용하자.

팔토시 : 살이 타고 피부 염증을 유발하는 자외선 차단 외 체온 조절의 역할도 한다. 사막에서는 긴 팔을 입는 것과 같은 원리이다. 요즘은 팔토시 일체형 쿨링티가 나오므로 활용하는 것도 좋다.

선글라스(고글), 모자 : 자외선 차단, 눈부심 방지, 눈 보호, 머리 보호 등을 위해 선글라스와 모자가 필요하다. 햇빛 차단 효과를 높이고 흘러내리는 것을 막고 활동이 많은 걷기를 위해서는 고글이 좋다.

등산용 스카프(손수건), 스포츠용 팔목 밴드 : 땀을 닦기 위해 필요하다. 반다나(등산용 스카프)는 땀 닦기 외 머리보호, 자외선 차단, 응급 처치 등 다양한 용도로 사용할 수 있다.

방석, 접이 의자 : 편의에 따라 둘 중 하나를 준비한다. 방석은 가볍고 휴대가 편리한 장점이 있고, 접이 의자는 진흙이나 불규칙한 바닥, 벌레로부터 보호해 준다.

쓰레기봉투 : 중간에 간식이나 식사를 할 때 쓰레기가 발생한다. 이를 처리할 쓰레기봉투를 준비하는 것은 필수이다.

랜턴 : 해 지기 전에 끝낼 예상을 하더라도 걷기 때는 변수가 많아 예상과 달리 늦게 끝날 수 있다. 해가 질 때를 대비해 랜턴을 준비하는 것은 필수이다.

컵, 수저세트 : 간편한 일회용품을 쓰는 경우가 많지만 쓰레기를 줄이고 환경보호를 위해 개인 컵과 수저세트를 휴대하는 센스가 필요하다.

멀티나이프, 라이터 : 필요에 따라 준비한다.

기록 도구 : 그때그때 생각나는 것, 본 것을 메모하거나 하루 걷기가 끝난 후 일기를 쓰기 위한 필기구를 준비하자. 메모 대신 녹음이나 중간 중간 사진으로 남겨 두는 것도 좋다. 걸으면서 보고 느낀 것들에 대해 자신에게 맞게 기록을 하도록 하자.

기타 숙박용품 : 칫솔, 비누, 손수건 등 세면도구, 다음날 갈아입을 옷, 스킨로션, 화장품, 면도기, 핸드폰 충전용 파워케이블, 간편한 실내옷(잠옷) 등을 준비한다.

2. 배낭 꾸리는 방법

1) 배낭 꾸리는 원칙

제1원칙 : 가볍게

오래 걷기 때문에 최대한 가벼워야 한다. 되도록 가벼운 용품을 준비하고, 당일 필요한 것 중심으로 꾸린다. 차가 있거나 미리 숙소를 잡아 두었다면 숙박 용품은 차나 숙소에 두고 배낭은 당일 걷기에 맞춰 필요한 것으로 꾸린다.

제2원칙 : 균형 있게

몸의 부담을 최소화하고 몸의 균형을 잘 유지하도록 꾸려야 한다. 물품을 꾸리는 원칙은 가벼운 것은 배낭 아래쪽, 무거운 것은 위쪽에 배치한다. 또한 무거운 것은 바깥쪽이 아닌 등쪽에, 무게가 좌우 한쪽으로 치우치지 않게 고르게 배치해야 몸의 균형을 유지하는데 좋다.

제3원칙 : 편하게

자주 꺼내는 물품(휴지, 간식, 썬크림 등)은 배낭의 가장 윗주머니나 바깥주머니에 넣는다. 배낭 어깨끈에 파우치도 달아 활용한다.

2) 배낭 꾸리기 참고 사례

아래 용품들을 걷기 상황에 맞춰 취사선택한다.

물품 목록 : 선그라스, 선크림, 쿨수건(여름), 팔토시(여름), 손목밴드(간단한 땀 닦기), 등산용 스카프(반다나), 시계, 단열보온가방(음식물), 보온 물통, 벌레퇴치 스프레이, 마스크, 모자, 랜턴, 보조배터리, 쓰레기봉투, 수저세트, 멀티나이프, 핸드폰, 핸드폰 파우치, 방석 또는 접이식 의자, 휴지, 물티슈, 우산(비 올때).

구급 약품 : 압박붕대, 소화제, 감기약, 밴드, 알러지약, 벌레물린데 바르는 약, 바르는 파스, 상처 연고, 통증약.

걷기 용품 : 스틱, 무릅아대, 발에 붙일 패드, 물컵, 장갑.

의류 : 여분 양말, 모자, 바람막이(방수방풍재킷), 여벌 옷.

먹을것 : 점심 거리(도시락, 김밥)와 간식(견과류, 견과일, 단백질바, 초코바, 단밭빵, 떡, 소세지, 치즈), 식염포도당, 물, 스포츠음료.

숙박용품 : 칫솔 등 세면도구, 티, 바지, 팬티, 양말 등 갈아입을 옷, 필기구, 충전용 파워케이블 등.

기타 : 공동으로 쓸 돗자리나 편의품들, 카메라 등 개인 취향 용품.

3. 오래 걷기 위한 방법

1) 체력 안배

　오래 걷기 위해서는 체력을 아끼면서 걷는 것이 가장 중요하다. 에너지가 넘치는 초반에 걷기를 쉽게 생각해서 스피드를 내거나 무리하기가 쉽지만 오래 끝까지 걸어야 하므로 페이스를 잃지 않고 걷는 것이 매우 중요하다. 너무 빨리 걷지 않고, 오르막길에서는 보폭을 줄여서 걷고, 있는 힘껏 급히 오르지 않도록 한다. 체력 안배가 잘 되면 쉬는 시간을 줄여도 지치지 않고 걸을 수 있다. 중간 중간에 쉬는 것도 중요하다. 쉴 때는 너무 자주, 또는 너무 오래 쉬지 않도록 한다. 약 1시간 간격으로 5~10분 씩 쉬는 시간을 갖는다.

2) 스틱 사용

　불필요한 체력소모를 줄이고 관절 보호를 위해 스틱을 최대한 사용하기를 권한다. 이 외에도 스틱을 사용하면 몸의 균형을 잡아주고 안전사고를 예방하고 상체 운동효과를 증대하는 등 잇점이 많다. 스틱 사용이 습관이 안 돼있을 경우 처음엔 불편하게 느낄 수 있는데 몸과 일체감을 느낄 정도가 될 때까지 의식적으로 꾸준히 사용해야 한다. 스틱 사용은 오래 걸을 때 체력소모를 줄이고 관절을 보호하고 대사량 증가, 전신운동 효과 배가까지 잇점이 많다.

3) 걷기 자세

가슴을 활짝 열었다는 기분으로 가슴을 편다. 누가 복부를 친다는 기분으로 복부에 힘을 주고 배를 등에 붙인다. 자세가 구부정하면 무릎 관절에 부담을 많이 주게 된다. 몸의 무게 중심이 약간 뒤쪽으로 향한다는 느낌으로 상체를 편다. 무릎은 약간 굽혀 관절의 부담을 분산시킨다. 걷기할 때 발의 모양은 가장 자연스러운 형태를 유지하도록 걷는다.(억지로 1자로 걷겠다고 해선 안된다.) 양 발 사이에 주먹 하나가 들어갈 정도의 간격을 두고 발의 앞(발가락) 부분이 5° 정도 바깥 쪽을 향하도록 걷는다.

4) 기초 체력

국토종주를 떠나기 전 걷기 연습을 하도록 한다. 평지 14Km, 둘레길 10km, 등산 7Km 이상을 무리 없이 할 수 있는 체력이 되도록 준비하자. 하체 근력을 키우는 것도 중요하다. 계단 오르기나 스쿼드 등을 꾸준히 하자. 하체 근육은 오래 걸어도 무릎 관절을 상하지 않기 위한 중요한 조건이다. 그러나 국토종주라고 해서 반드시 많이 걸어야 하는 것은 아니다. 자기 체력에 맞게, 원하는 구간을 걸을 수도 있다.

5) 배낭 무게

걷기 용품을 최대한 가벼운 것으로 준비해서 배낭의 무게를 줄이는 것이 중요하다. 걷기 숙련 정도와 신체의 근육 양에 따라 배낭 무게의 한계치는 올라갈 수 있다. 걷기 초보자의 경우 자기 몸무게의 5%에서, 걷기 숙련자의 경우 자기 몸무게의 15%까지 메는 것이 가능하다. 그러나 필요한 물품을 가져가면서 무게를 줄이는 것은 누구라도 중요하며, 비박용이 아니라면 자기 몸무게의 10% 이내로 메기를 권한다.

6) 체온 조절

　야외는 기상이 변화무쌍하다는 점을 잊지 말고 이에 대비할 수 있어야 한다. 체온 조절에 영향을 미치는 것들, 즉 충분한 물과 간식, 통풍·방수가 잘 되는 운동복(등산복)으로 여별 옷을 준비한다. 물이나 열량이 부족하면 체온이 상승하고 쉽게 지칠 수 있다. 옷은 걸을 때 벗고, 멈출 때 입는다. 기상 변화와 땀날 때와 식을 때 능동적으로 대처할 수 있게 지퍼 등으로 탈착이 쉬운 것으로 준비한다.

7) 간식, 물

　오래 걸어야 하므로 에너지원이 될 간식이나 간편식(행동식)을 반드시 지참해야 한다. 간식은 휴대가 편하고 개별 포장이 돼 있는 것이 좋다. 고열량에 소화와 흡수가 잘되는 초코바류, 산뜻하게 영양과 열량을 보충할 수 있는 견과류, 견과일류를 준비하고, 가게나 식당을 만나기 힘드므로 식사 대용으로 먹을 수 있는 빵, 떡, 소시지, 치즈 등 행동식도 준비한다. 물과 스포츠음료(전해질 보충)도 충분히 준비한다.

<부록 4>
찾아보기

At play in the fields of the Lord 224
가마솥 시루떡 281
가수 현숙 270
가시나무 숲 45
가우도 120
가우도 출렁다리 118
간척 평야 81
갈대의 노래 333
갑오개혁 308
강진 설록다원 54, 254
겨울바다 47
결사 운동 144
고난의 길 75
고성사 176
교동 316
귤동마을 122
극동식당 26
극락보전 202
금남길 305
금당마을 189
금릉경포대 236
금성관 304
금성산 318
금성산 자락길 320
금천 262, 271
금학헌 309
기수역 생태계 158
기찬묏길 234

김남조 48
김영철의 동네 한바퀴 65
김천일 장군 321
김치마을 68
김홍집 내각 308
깃대봉 106
나의 문화유산 답사기 162
나주 목사 내아 312
나주곰탕 301
나주목 306
나주민란 308
나주복암리고분군 293
나주읍성 313
나주철도공원 295
나주향교 316
나주혁신도시 324
남도 어촌 남창마을 65
남도민의 소 사랑 182
남도의 겨울 193
남포마을 152
내아 팽나무 312
너덜지대 54
논어고금주 166
누릿재 230
다산 4경 126
다산 오솔길 133
다산의 가족 124
다산의 사돈 마을 89, 100

다산초당 125
다산학단 167
다신계 222
단군제 246
달마지 마을 195
달빛 걷기 195
대호제 322
덕송재·덕진비 250
덕진 여인 251
덕진차밭 262
도시 지역 63
도암석문공원 116
독립만세운동 155
동구리 바위 94
동다기 212
동다송 224
동문매반가 164
동문샘 168
동백꽃 사랑 140
동백꽃 전설 141
동창 사거리 279
동천여사 168
두륜산 77
둑제사길 313
디오게네스 44
따뜻한 남쪽나라 193
땅끝 희망공원 28
땅끝기맥 27

땅끝마을 31
땅끝마을 전망대 31
땅끝만물슈퍼 44
땅끝점 20
떡 썰기 350
떡차 227
리아스식 해안 81
마점고개 110
만경루 142, 146
만경설화 146
만봉천 둑방길 285
매화 214, 258, 266
맴섬 25
메사 베르데 고원 77
명원다도문화원 161
모란이 피기까지는 173
모래재 고개 36
목민심서 123, 153
목포역 해남해장국 114
무위사 202
묵동마을 50
미카 증기기관차 295
민초의 정신 155
박영옥 155
방산 윤정기 100
배롱나무 142
백련사 144
백련지 189
백룡산 임도길 262, 265
백매원 266
백운동 12경 208, 213
백운동 별서 210, 213
백운옥판차 221
백운첩 208

백의관음도 205
보은산방 176, 179
부지관류형 유상곡수 212
북일기사식당 72
비 듣는 호수에서 319
비나리 21
빛가람동 324
뿌리의 길 126
사구 저수지 34
사구미 해변 32
사람길 국토종주길 리본 122
사람길 국토종주의 이유 70
사랑 구름다리 117
사방신 88
사의재 160
사의재 저잣거리 160
사의재기 168
사자봉 27, 237
사자저수지 234
삭힌 홍어 301
삼남길 233
삼천리 70
삽살개 285
서부길 313
석문과 석문산 116
석봉체 350
석실고분 293
선암마을 259
성균관 스캔들 317
성보박물관 204
성산 정미소 276
세계모란공원 176
세지사거리마트 279
송월제 196

송학제 188
쇠노재 75
수륙재 202
수변공원 322
수변생태공원 332
수성사 246
수행결사 144
시골 인심 282
식량 자급 151
실학 123
아미타여래 202
아미타여래삼존벽화 204
아학편 167
알렉산더 대왕 44
애절양 153
여성 차별 165
영계 신희남 261
영랑 김윤식 172
영랑 생가 171
영보12동네 259
영산강 289, 291
영산포역 295
영산포 역사·문화 체험관 295
영암식품특화농공단지 243
영전리 34
옛 자연부락의 공존 247
옹관 292
완사천 298
우두봉 179
운곡제 262
운명공동체 83
원두막 150
월각산 195
월남마을 201

월남사지 227
월출산 229
유상곡수 214
유선각 270
유학(성리학) 123
유홍준 162
윤도산 임도 38
은행나무 유종 175
읍성 철거령 314
의병 항쟁 308
이광사 142
이담로 189
이순신 장군 55, 59
이시헌 208
이육사 267
이진성 장군샘 60
이진포 58
이한영 생가 227
이한영 차 문화원 227
인고 48
자산어보 133, 302
자아의 길 106
자연 해변 54
자연생태습지 331
작은 한양 310
작천소령 억새밭 92
장수 저수지 86
장자 327
장취원 206
장화왕후 299
전묘후학 317
절대적 허무 48
정렬사 320
정수루 307

정약전 343
정자목 50
정학연 180
제일슈퍼 104
제트기류 193
조선 지우기 314
좋은집 게스트하우스 114
주작산 81, 86
주작산 자연휴양림 94
중국 표류기 305
지방 소멸 51
진주성 전투 321
집성촌 260
집체 저술 125, 167
징검다리 249
짱뚱어탕 199
천 년 다리 덕진교 254
천일각 132
천황봉 236
첫 소멸 국가 53
청초루 160
초의선사 208, 213
최부 305
최저 출산율 52
추사 김정희 130, 222, 261
출입통제소 57
충혼탑 171
카나페 182
태조 왕건 298
태조 이성계 300
텅 빈 요람 50
토말 28
통천문 237
퇴계 이황 266

팜스테이 196
평암리 해안 47
평화전설 수양마을 98
표해록 305
필립 롱맨 52
하얀 세상 47
학철지어 326
한 길에 두 마을 81
한석봉 261
한수제 318
항촌리 106
해남반도 32, 47
해양레저 명소 가우도 120
행복 43
향약 260
헌식 굿 51
혈연 마을 28
혜장선사 135
혜종 299
호연지기 240
홍어 301
홍어거리 289
화강암 236
화산마을 269
환경 공해 64
황상 167
황소 탄 소년 328
효령대군 142, 203
효열비 270
후불탱화의 전설 205
흑산도 301
흔들바위 94
흥촌리 76